主力操盘手法揭秘

（第3版）

蒋幸霖 ◎ 编著

清华大学出版社
北京

内 容 简 介

本书以主力坐庄的操作手法为主线，以图文并茂的方式系统地介绍主力在建仓、试盘、洗盘、拉升、出货等阶段所采用的各类操盘手法。本书的主要内容包括认识主力，看盘基础，从盘口细节洞察主力，了解主力的建仓行为，主力的试盘、洗盘、拉升手法与出货手法，看清主力的战术与骗术，跟庄技巧与实战和把握交易关键点。

本书结构合理，语言通俗易懂，案例真实，具有很强的实战指导性，是广大股票投资者不可或缺的实用参考书。

本书封面贴有清华大学出版社防伪标签，无标签者不得销售。
版权所有，侵权必究。举报：010-62782989，beiqinquan@tup.tsinghua.edu.cn。

图书在版编目(CIP)数据

主力操盘手法揭秘/蒋幸霖编著. —3版. —北京：清华大学出版社，2023.5（2024.10重印）

ISBN 978-7-302-63607-6

Ⅰ.①主… Ⅱ.①蒋… Ⅲ.①股票交易—基本知识 Ⅳ.①F830.91

中国国家版本馆CIP数据核字(2023)第088792号

责任编辑：张　瑜
装帧设计：杨玉兰
责任校对：吕丽娟
责任印制：宋　林

出版发行：清华大学出版社
网　　址：https://www.tup.com.cn，https://www.wqxuetang.com
地　　址：北京清华大学学研大厦A座　　邮　编：100084
社 总 机：010-83470000　　邮　购：010-62786544
投稿与读者服务：010-62776969，c-service@tup.tsinghua.edu.cn
质量反馈：010-62772015，zhiliang@tup.tsinghua.edu.cn

印 装 者：北京鑫海金澳胶印有限公司
经　　销：全国新华书店
开　　本：169mm×230mm　　印　张：16.75　　字　数：320千字
版　　次：2013年5月第1版　2023年6月第3版　　印　次：2024年10月第3次印刷
定　　价：66.00元

产品编号：098065-01

前言

从第一版出版到现在,本书已历经两次改版,畅销10年,得到众多读者的厚爱,甚是荣幸。10年前,我们的证券市场和今天相比,并不是很完善。如今,随着各项法律法规的颁布与实施,证券市场越来越成熟,股市投资越来越被广大民众所认识和接受,并成为广大中小投资者首选的投资项目之一。然而,能在这个市场持续长久地维持赢利的投资者却少之又少。很多投资者往往经不起长期的"折磨"而退出,从此不再涉足股市;有些投资者甚至是谈股色变,对股市避而远之。当然,也有一部分投资者经受住了时间的考验,积累了大量的实践经验,并在不断的学习中实现了财富的增长。

对于股市这一投资市场,众多投资者可谓是褒贬不一、众说纷纭。有人说股市是天堂,有人说股市是地狱;有人说股市是赌场,有人则说股市就是提款机。实际上,股市只是一个证券投资市场,所有投资者的机会都是一样的。和其他行业一样,在股市中同样遵循着二八定律,即只有少数人是赢利的,可以成为市场的骄子,而更多的人则承担着不同程度的亏损。赢利的人绝不是靠一时的运气,他们在市场中花费的时间和精力绝非大多数人所能达到的。

那么,究竟是什么原因导致众多投资者处于亏损状态呢?为什么一直都挣不到钱却还舍不得放弃投资呢?当然,导致亏损的原因有很多,有的是盲目信任所谓的小道消息,结果上当;有的是靠技术分析,结果被主力骗线;有的是跟风买入,结果被套在山岗……尽管大多数投资者是亏损的,但依旧心有不甘。因为,仍然有人在股市上实现了暴富的梦想,仍然有人不断地积累着财富,这也许就是股市的魅力所在吧!

在股市中能赢利的散户确实少之又少,其实原因很简单,主力不仅有着雄厚的资金,还有着专业的分析团队。相对来说,散户则明显属于弱势群体。这两者较量的结果只有两个,要么羊入虎口,要么虎口夺食。羊入虎口想逃生几乎是不可能的,而虎口夺食也非易事,能完成此举的散户投资者可以称得上是精英了。

实际上,想在股市中赚到钱也没那么难,只要投资者戒骄戒躁,静下心来潜心学习,不断地积累经验,培养盘面感,树立正确的价值观,正确理解各种技术

指标，熟悉主力的操盘手法，制定切实可行的投资方案并坚持执行，赢利就会变得比较容易。而那些只凭感觉操盘、靠打听消息买入卖出、无投资主张、易冲动交易的投资者注定会成为股市的牺牲品。因此，在股市中只有不断地学习才有赢利的希望！

　　本书以主力坐庄的操作手法为主线，系统地介绍了主力在建仓、试盘、洗盘、拉升、出货等阶段所采用的各类操盘手法。只有了解到主力在干什么、意图是什么，才能够做到知己知彼，从而达到主力建仓我潜伏、主力抬升我坐轿、主力撤退我逃命的操作目的。

　　本书由蒋幸霖编著，同时参与部分内容编审工作的人员有尼春雨、薛峰、蔡大庆、张丽、靖雅婷、张思怡等，在此深表感谢！

　　由于时间仓促，加之作者水平所限，书中难免存在疏漏之处，敬请广大读者批评、指正。

编　者

目 录

第一章　认识主力 1

第一节　什么是主力 2
　　一、主力的定义 2
　　二、主力的行为特征 2
　　三、主力的惯用手法 3
　　四、了解主力的意图 4
　　五、主力的五大特性 5
　　六、主力的资金安排 7

第二节　主力的主要分类 8
　　一、公募基金 8
　　二、QFII 9
　　三、券商 9
　　四、民间游资或私募基金 9
　　五、大小非 10

第三节　主力控盘前的准备工作 10
　　一、招贤纳士 10
　　二、明确分工 10
　　三、制定资金方案 11
　　四、筛选个股 11
　　五、对上市公司进行调研 11
　　六、分析个股技术面 12
　　七、制定操盘方案 12

第四节　主力操盘的基本步骤 12
　　一、建仓阶段 12
　　二、洗盘阶段 13
　　三、拉升阶段 13
　　四、出货阶段 14

第五节　主力常用的操盘手法 14
　　一、对敲 14
　　二、护盘 16
　　三、砸盘 16
　　四、试盘 17

第二章　看盘基础 19

第一节　如何看K线图与分时图 20
　　一、如何看K线图 20
　　二、如何看分时图 25

第二节　软件的基本使用方法 27
　　一、快捷键 27
　　二、如何叠加指数 28
　　三、调用技术指标 29
　　四、显示交易提示 30
　　五、多股同列 31
　　六、多窗口看盘 32
　　七、查看主力动向 33
　　八、选股器选股 33

第三节　看盘需关注的要点 34
　　一、开盘 34
　　二、尾盘 35
　　三、竞价成交量 36
　　四、内外盘情况 36
　　五、阻力位与支撑位 38
　　六、现手和总手数 39
　　七、关注换手率 40

第三章　从盘口细节洞察主力 43

第一节　从买卖盘委托单观察主力动向 44
　　一、大单压盘 44
　　二、大单托盘 46

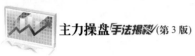

　　三、夹板的意义 48
　　四、撤单的意义 48
　　五、急涨急跌的意义 49
第二节　从换手率分析主力思维 50
　　一、什么是换手率 50
　　二、换手率的分析 51
　　三、导致换手率较高的原因 53
第三节　从成交量分析主力行为 53
　　一、平开放量上冲 54
　　二、底部放量三态 55
　　三、底部无量涨停 57
第四节　从涨跌速度与振幅分析
　　　　主力的意图 59
　　一、涨跌速度 59
　　二、振幅 63

第四章　了解主力的建仓行为 65

第一节　主力会在何时建仓 66
　　一、宏观经济好转时 66
　　二、个股的价值被严重低
　　　　估时 67
　　三、市场热点出现时 68
　　四、利好公布前或利空
　　　　公布后 68
第二节　主力建仓的常用手法 68
　　一、横盘震荡建仓 68
　　二、温和上涨建仓 69
　　三、快速拉升建仓 70
　　四、打压建仓 71
　　五、中继平台式建仓 74
　　六、跌停式建仓 75
第三节　建仓时的盘面特征 76
　　一、建仓时的K线特征 76
　　二、成交量的特征 77

　　三、盘口特征 77
　　四、通过K线图判断主力是否
　　　　完成建仓 79
第四节　建仓时常见的K线形态 79
　　一、圆形底 80
　　二、潜伏底 80
　　三、双底 81
　　四、头肩底 82
　　五、三重底 83
　　六、矩形 83

第五章　主力的试盘 85

第一节　试盘概述 86
　　一、什么是试盘 86
　　二、试盘的目的 86
　　三、试盘的方法 86
　　四、试盘的时间与空间 87
第二节　试盘的操作手法 87
　　一、冲高回落 88
　　二、低开高走 89
　　三、高开低走 91
　　四、金针探底 93
　　五、双针探底 95
　　六、利用消息试盘 96
　　七、利用热点板块试盘 96
第三节　试盘阶段的分时图表现 97
　　一、股价大幅高开回落 97
　　二、大幅低开震荡上行 99
　　三、尾盘拉高 100
　　四、尾盘打压 101
　　五、盘中推高股价 103
　　六、盘中打压股价 105

第六章　主力的洗盘 107

第一节　主力洗盘的目的 108

一、抬高市场成本 108
　　二、降低自身成本 108
　　三、锁定筹码 108
　　四、坚定散户持股的信心 109
第二节　主力洗盘常用的手法 109
　　一、打压式 110
　　二、横盘整理式 111
　　三、剧烈震荡式 113
　　四、巨量阴线式 115
　　五、跌停式 116
　　六、阴雨连绵式 117
　　七、借利空洗盘 119
第三节　洗盘时的盘面特征 119
　　一、均线特征 119
　　二、成交量特征 119
　　三、K 线特征 119
　　四、洗盘结束的标志 120
第四节　洗盘与出货的区别 120
　　一、洗盘时的技术特征 120
　　二、出货时的技术特征 121
第五节　主力洗盘阶段的跟进
　　　　技巧 122
　　一、洗盘后创新高跟进 122
　　二、60 日均线跟进 122

第七章　主力的拉升手法 125

第一节　主力拉升的时机 126
　　一、利好出台时 126
　　二、大势向好时 127
　　三、热点形成时 128
　　四、形态即将突破时 128
　　五、在含权和除权阶段拉升 129
第二节　拉升前的征兆与拉升的
　　　　目标价位 130

　　一、拉升前的征兆 130
　　二、拉升的时间 131
　　三、拉升的目标价位估算 131
第三节　拉升阶段的分类 132
　　一、初升阶段 132
　　二、主升阶段 133
　　三、拔高阶段 133
第四节　主力拉升的方式 134
　　一、火箭式拉升 134
　　二、连续涨停式拉升 135
　　三、阶梯式拉升 137
　　四、震荡式拉升 138
第五节　拉升时的盘面特征 139
　　一、拉升时 K 线特征 139
　　二、成交量特征 140
　　三、均线特征 140
　　四、技术指标特征 141
　　五、盘口特征 142

第八章　主力的出货手法 143

第一节　主力出货的时机选择 144
　　一、主力出货的时机 144
　　二、主力出货的时间和空间 145
　　三、如何判断主力的出货点 145
第二节　正确理解主力出货 146
　　一、出货与股价涨跌的关系 146
　　二、出货与股价趋势的关系 147
第三节　主力常用的出货方式 147
　　一、拉高出货 148
　　二、高位震荡出货 149
　　三、快速下跌式出货 150
　　四、诱多出货 151
　　五、涨停式出货 153
　　六、跌停式出货 156

七、假填权出货 157
第四节　出货时分时图的异常
　　　　表现 159
　　一、大幅震荡 159
　　二、快速跳水 161
　　三、无支撑震荡下跌 162
　　四、打开跌停 164
　　五、拉高放长线 164
　　六、尾盘拉升 166
第五节　主力出货时的各种特征 ... 166
　　一、主力出货的市场特征 166
　　二、主力出货的盘口特征 169
　　三、主力出货的技术特征 170

第九章　看清主力的战术与骗术 173

第一节　主力常用的战术 174
　　一、主力的信息战术 174
　　二、主力的折磨战术 175
　　三、主力的闪电战术 176
　　四、主力的伪装战术 177
第二节　主力常用的盘口骗术 178
　　一、盘口委托单骗术 178
　　二、涨跌停板骗术 179
　　三、盘口异动骗术 179
第三节　主力的骗线手法 180
　　一、尾盘拉升，假进真出 180
　　二、早盘拉升，制造声势 183
　　三、假突破 183
　　四、假填权 184
　　五、做影线 185
第四节　小心主力的多空陷阱 187
　　一、多头陷阱的概念 187
　　二、设置多头陷阱的手法 187
　　三、辨别多头陷阱的技巧 189

　　四、空头陷阱的概念 190
　　五、空头陷阱的设置手法 191
　　六、辨别空头陷阱的技巧 194
第五节　成交量骗术 194
　　一、对倒放量拉升 195
　　二、久盘后突然放量突破 195
　　三、反弹制造假突破 197

第十章　跟庄技巧与实战 199

第一节　如何发现主力 200
　　一、主力进入特征 200
　　二、通过地量寻找主力踪迹 ... 202
　　三、从操盘破绽处跟进 203
第二节　强庄股的跟进技巧 203
　　一、强庄股的重要特征 203
　　二、选择强庄股的法则 205
　　三、跟进强庄股的时机 206
　　四、如何追涨强庄股 207
第三节　如何应对主力的特殊
　　　　做盘手法 208
　　一、突然放量的应对方式 208
　　二、突然缩量的应对方式 210
　　三、突然涨停的应对方式 211
　　四、突然跌停的应对方式 213
　　五、特殊开盘手法的应对 214
　　六、特殊收盘手法的应对 215
第四节　如何跟进坐庄周期不同的
　　　　主力 216
　　一、长线庄股的投资技巧 216
　　二、中线庄股的投资技巧 218
　　三、短线庄股的投资技巧 219
第五节　跟庄注意事项 221
　　一、要熟悉主力的性质与
　　　　手法 222

二、要掌握弃庄的时机............222
三、要学会及时止损............224
四、要学会主动解套............225
五、要树立正确的心态............226

第十一章　把握交易关键点............231

第一节　分时图中不可错过的买卖点............232
一、利用分时图把握买点机会............232
二、利用分时图把握卖点机会............236

第二节　利用移动平均线把握买卖位置............239
一、利用移动平均线把握买点............239
二、利用移动平均线把握卖点............243

第三节　把握成交量的机会............246
一、根据成交量把握买点............246
二、利用成交量把握卖点............250

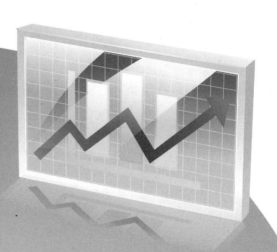

第一章

认识主力

从某种意义上讲,主力也可以理解为庄家,但有时又与所谓的"庄家"有一定的区别。可以说,自从有了证券市场,就一直有主力的身影。他们的存在,在一定程度上激发了投资者的投资热情,使市场充满活力。但也正是因为他们的存在,使得普通的投资者承担了更大的投资风险。本章我们就从零开始来认识主力这一市场投资主体。

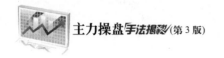

第一节 什么是主力

首先,我们来对主力的定义、行为特征及其主要特性等,做一些简要的说明,以帮助投资者从根本上认识主力。

一、主力的定义

简单来说,主力就是运作的主导者和主宰者,是能对运作对象起到一定支配作用的市场主体。其中,这个主体既可以是一般投资者,也可以是机构投资者。由于机构投资者具备技术、信息、资金的优势,所以在市场中往往起主导作用。

通常所说的主力并不是单一个体,而是一个群体。在这个利益群体中,每个人的利益都是一致的。如果思路一致或阶段性形成合力,主力操作的个股就很容易出现主升浪的走势。从某种意义上讲,主力就是所谓的"庄家",其整个赢利的过程,可以称为坐庄的过程。

"主力不是万能的,但市场没有主力是万万不行的。"这句话充分说明了主力与市场的关系。市场的内在波动规律是不以主力意志为转移的,主力无法与市场抗衡,因此国内外很多曾经相当辉煌的机构最后都落入一败涂地的境地。

二、主力的行为特征

只有了解了主力的行为特征,才能更好地读懂主力的语言。一般来说,主力行为具备以下五个特征。

1. 会开设多个交易账号

由于监管的不断深入(如证监会加大打击操纵股票、虚假交易等违法犯罪行为),以及投资者选股能力的提高,机构或私募基金为了能继续坐庄,就必须在证券公司利用他人身份证开设多个股东代码证和资金账户,方便以散户的身份集中购买股票进行控庄,或进行对手交易,或变换身份进行虚假申报等活动。

2. 经常进行虚假的交易申报

虚假申报,是指在盘中挂出虚假的买单或卖单,其目的是让市场投资者看见这些委托交易的买卖单,从而影响市场交易行为,以获得丰厚的利润。若主力需要筹码,就会在卖盘处挂出多笔虚假的大卖单,制造抛盘汹涌的假象,从而引诱中小投资者赶紧抛售股票，一旦有买家积极吃进，主力就会马上撤单；若主力需要股价往上涨，则往往会在买盘处挂出多笔虚假的大买单，制造买盘如潮的假象，一旦有卖家大笔卖出时，主力就会马上撤单。

3. 有能力做对倒交易

对倒交易，是指进行不转移股票所有权的买卖交易。其目的是增加成交量，制造市场买卖活跃的虚假气氛，以吸引市场上其他投资者大量买进或卖出，做出有利于主力交易的行为。主力必须具备三种能力：其一是要有很多账户可以供其进行对手买卖；其二是手上要掌握大量的股票；其三是有大量的现金可以支配。

4. 精通技术分析方法

主力只有比普通投资者更了解经典的技术分析方法，才能在市场运作中获得最终胜利。虽然经典的技术分析方法是不会改变的，但是在巨大的资金供应下，任何图形都有可能活灵活现地出现在投资者面前。通常情况下，主力在抢到一定数量的股票后，就可以利用弱市条件进行连贯的卖压冲击，制造恶劣的价格形态，从而获得更多的低价筹码；之后利用资金和既有筹码进行洗盘，将浮动筹码揽入囊中；再利用公认的经典上升形态吸引其他投资者跟风，并在高位继续制造量增价涨的形态，以便暗中出货。所以，在了解主力之前，投资者要如同他们一样先了解经典的技术分析理论。

5. 熟知大众的习惯性思维

主力机构的操盘手是在市场中成长起来的，经历了市场的洗礼，同时也了解市场特性和大众交易心理，熟悉应该怎样利用群体思维进行市场操作。例如，他们深刻了解经典技术分析后，教导投资者"有量才有价""高位收十字星就是出货""盘口有大买单就是进货"等常识，对于"如果市场是对的，我还在街头卖烤红薯"等巴菲特格言，他们也烂熟于心。知己知彼，百战不殆。主力操盘手在掌握了大众的习惯性思维后，就会带给我们眼花缭乱的盘口动作。

三、主力的惯用手法

业内人士把虚假申报、连续交易、约定交易、自买自卖、蛊惑交易、抢先交易、特定价格交易、特定时段交易等称为"圈内常用的操作手法"。下面我们对主力的惯用手法做简要介绍。

1. 虚假申报

虚假申报，是指投资者持有或者买卖证券时，不以成交为目的地频繁进行申

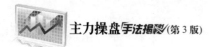

报或撤销申报，制造虚假买卖信息，误导其他投资者，以便从期待的交易中直接或间接地取利益的行为。

2. 连续交易

连续交易，是指投资者单独或者通过合谋，集中资金优势、持股优势或者信息优势，进行连续交易或者联合他人交易，以操纵证券交易价格或者证券交易量的行为。

3. 约定交易

约定交易，是指投资者与他人串通，以事先约定的时间、价格和方式相互进行证券交易，以影响证券交易价格或者证券交易量的行为。

4. 自买自卖

自买自卖，是指投资者在自己实际控制的账户之间进行证券交易(证券的所有权并没有转移)，以影响证券交易价格或者证券交易量的行为。

5. 蛊惑交易

蛊惑交易，是指投资者通过故意编造、传播、散布重大虚假信息，误导投资者的投资决策，使市场出现预期中的变动并进而使自己获利的行为。

6. 抢先交易

抢先交易，是指投资者对相关证券或其发行人、上市公司，公开做出评价、预测或提出投资建议，自己(或建议他人)则抢先买卖相关证券，以便从预期的市场变动中直接或间接地获取利益的行为。

7. 特定价格交易

特定价格交易，是指投资者通过拉抬、打压或者锁定等手段，使相关证券的价格达到一定水平的行为。

8. 特定时段交易

特定时段交易，是指投资者在集合竞价时段或在收市阶段，通过拉抬、打压或者锁定等手段来操纵证券收市价格的行为。

四、了解主力的意图

主力最需要的就是投资者去关注他，这样他做的所有动作才会有意义，如果没人注意或者跟风,那么他的股票就不可能换手,纸上富贵终究换不到真金白银。因此,主力总会在市场上不遗余力地表现,以便更好地获得市场的认同。以前主力为了吸引人气,会通过广播、电视等媒体进行宣传,而现在由于投资咨询行业的不景气、监管的严厉以及投资者投资水平的提高,主力只能转为"经营"股价形态,通过制造各种氛围的 K 线组合来吸引市场的关注。就目前来说,随着网络交易的盛行,股票 K 线图和涨、跌停板已经成为主力与市场沟通的主要方式。

事实上,主力也希望中途不断有人换手,以提高市场参与者的平均持仓成本,从而起到股票活跃好进出、高成本持股者能稳定股价的作用,所以主力并非一味地拒绝散户跟风。当投资者到处寻找庄股时,主力往往也在积极运作,希望市场其他投资者能够关注他的股票,并且及时跟进。因此,投资者必须上好"了解主力意图、听懂主力语言"这一必修课。

通过盘中买卖双方的交易记录,我们可以得到以下四种信息。

(1) 市场本身的交易信息。比如,盘面上显示的开盘价和收盘价,大家都能看到。

(2) 主力想要告诉人们的真实信息。比如,股票异常跳空高开,是主力想告诉人们股票要涨。

(3) 主力想要告诉人们的虚假信息。比如,股票正放量上冲,但该成交量是主力对敲而成的。

(4) 主力不想告诉人们的信息。比如,主力不想告诉人们股票高开放量之后,见势不好就会下跌。

因此,投资者在看盘的时候,一定要弄清楚什么是真信息,什么是假信息。所谓假信息,就是主力不想告诉投资者的信息,也就是股价即将运动的实际方向。

五、主力的五大特性

无论哪种类型的主力,都具有五大特性,即操纵计划性、贪婪兑现性、狡猾欺骗性、假善凶狠性、相反多变性。在股市中,虽然主力的分类不同,但他们的特性却是相同的。因为,他们的最终目的都是获得更多的利润。

1. 操纵计划性

主力最大的特点之一就是能够操纵股价。主力在控盘之前,一定会做好各项准备,规划一个详细的操盘计划。例如,以后在哪一点位进货与出货,何时洗盘,以及洗盘的幅度多大,操盘手只需按章办事就行了。由于我国证券市场没有做空机制，因此主力必须通过一个可观的差价来实现获利。换句话说，主力首先是在低位从散户手中抢夺廉价的筹码，再在高位引诱散户上当，并接盘其手中的高价筹码。如果主力不能有规律性地操控股价，在控盘时就会出现不可控的局面。因此，主力会集中资金和筹码，借助和应用各种条件来操控股价，以便从中获取巨额利润。

2. 贪婪性

主力的本质是追求利润最大化。主力在控盘过程中，需要调动巨额资金，花费巨大的人力、财力和物力，付出高昂的成本。主力之所以会付出如此高的代价，是因为他们有能力收回成本并从中获利。若主力的部分资金是拆借来的，则其成本会更加高昂。所以，主力是股市中最贪婪的群体。

通常情况下，主力操控一只股票，首先要把资金转换为筹码，其次要想办法把股价推高，最后要把筹码转换为资金。再好的股票如果不变现，也只能是账面上的利润。股票市场是投机的市场，如果一只股票背离了投机的价值与原则，无论它的价值多高、未来成长性有多优良，市场都会将其否定。因此，主力会在高位时将筹码转换成资金。为了避免遭受更多的损失，散户要抢在主力前面出逃。

3. 欺骗性

在股票市场中，主力和散户的一致目标就是"赚钱"。因为主力所赚的钱是从散户的口袋中获取的，而散户群体又不可能主动将钱财拱手相送，所以主力必然要采取各种手段从散户手里获取利益。例如，在底部做难看的K线图形，使股价跌破中长期均线，同时发布利空消息，以便从散户手中骗取低价筹码；在高位时，做出漂亮的K线图形，修复各项指标，同时发布大量利好消息，以引诱散户上当。除了做出这些欺骗性的行为外，甚至还会做出一些违法行为。

由于散户群体的经验和智慧在不断增加，因此会很容易识破主力的一些小把戏。而主力为了不被散户识破，就会绞尽脑汁地利用真真假假的消息来诱导散户，甚至有时会先给散户一些实惠，其最终目的就是套走散户的钱。

4. 凶狠性

股市是主力与散户的一场博弈竞局，其结局必定会出现一胜一负。有时候，主力会给散户一点很小的"恩惠"，即市场中所谓的"养"手法。"养"就是为了"套"和"杀"。散户赚钱，主力就要输钱；而散户亏钱，主力就会获利。主力与散户是两个矛盾很尖锐的群体。市场中的"恶庄"会有效发挥主力的特性，在底部吸筹阶段，会制造出恐怖气氛；而在高位时则采用打压出货方式，其手法极其凶狠。

5. 多变性

在股票市场中，主力的一切行为都可以用K线图来表现，虽然他们很不情愿，但却毫无办法。因为在众目睽睽之下，使用各种手法很难骗取市场中的所有散户。于是，主力使出各种招数，比如运用相反操作来折磨散户，即当股价要上涨时，主力偏要使股价先下跌，以造成进一步恐慌。通常情况下，有些大牛股会在底部运作很长时间后才爆发上涨行情。

六、主力的资金安排

资金是主力在市场中获取利润的有效工具，整个操盘过程其实就是围绕资金和股票不断循环的过程。通常情况下，资金少则几千万元，多则数十亿元，为了适应股票市场，主力往往会把它们分成三部分。

1. 建仓资金

建仓资金，即主力在股价处于低位区间时用来购买股票所花费的资金。建仓资金一般是主力的自有资金。在建仓阶段(通常也包括试盘和整理的过程)，建仓资金将全部转换为股票；而只有当主力有了足够多的低价股票后，以此为筹码从外部筹集到更多的运作资金。一般情况下，建仓的时间是由主力的控盘程度而定，控盘程度深的建仓时间不是比较长就是比较短，这往往要看市场持股者的稳定程度；而控盘程度又与建仓资金紧密相关，控盘程度越深则所需的建仓资金就越多，反之则越少。

2. 拉抬资金

拉抬资金，即主力在推高股价的过程中所花费的资金。当主力在个股中拥有了大部分流通股票之后，是可以计算出拉抬资金的。因为拉抬资金所承接的股票就是少量的外部流动筹码，所以拉抬资金的数额一般不会特别大。主力在拉抬股价的时候往往需要环境配合，但拉抬时间一般比建仓时间短，只有几天到十几天。从资金的性质上说，拉抬资金可以是主力的自有资金，同时也可以是拆借而来的资金，其常常在资金与股票两种形态中转变，以高抛低吸的方式拉升股价。而对于同时操作几只股票的主力来说，拉抬资金就需要讲究效率了。若主力炒作的几只股票属于同一板块，拉抬资金就会存在一个比例分配的问题，因为只有同时拉升股价才能看到板块联动的效果；若主力炒作的是几只非同一板块的股票，拉抬资金就可在全力拉高一只股票后，再撤出来去拉高下一只股票，达

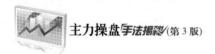

到一笔资金轮番拉抬的目的。

3. 预备资金

预备资金，即主力在操盘过程中为预防突发性危机而准备的资金。这笔资金一般数量较少，只有在特殊情况时主力才会动用它。因为它是预备性资金，所以从头至尾可能都派不上用场。若主力没有这笔资金，其心理和操作策略都将受到一定影响。

需要注意的是，资金的性质往往会导致庄股截然不同的运动表现。若是自有资金充裕，主力往往敢做长庄，目标股常常表现为"慢牛"形态，以缓慢推升为主；若多是拆借资金，则主力大多会选择做短线或中线，而目标股常常会大起大落。此外，主力怎样分配资金也往往决定了庄股的表现方式。例如，筹码锁定多而流动资金少的主力，往往不会利用股价的短期波动来挣钱，所以股价就没有短期的暴涨暴跌现象，即使一路上升也不会引起市场的注意；当主力不想做长庄时，就会把资金用于短线炒作，故而拉抬资金充裕，个股涨势迅猛，但往往涨得快而跌得也快，一段时间之后，股价往往又回到刚涨起来的价格。从总体来看，市场上的股票表现不是雷同于这两者，就是介于它们之间。

第二节 主力的主要分类

就我国目前的股市二级市场中的主力情况来看，大规模的资金主要来自公募基金、QFII、券商、民间游资或私募基金、投资公司、机构、大户或他们组成的联盟等。随着全流通时代的到来，又加入了一个新的主力，即大小非(也可称为上市公司大股东)。

下面分别来了解以下几种主力的特点。

一、公募基金

公募基金是受政府主管部门监管的，向不特定投资者公开发行受益凭证的证券投资基金。这些基金在法律的严格监管下，有着信息披露、利润分配、运行限制等行业规范。例如，目前国内证券市场上的封闭式基金、基金公司推出的开放式基金均属于公募基金。公募基金的主要特点体现在其买卖行为是围绕着基民的申购与赎回，当基民申购多时则加大持股力度，反之则进行减仓应付基民的赎回。其持股方式是大部分时间的被动持股不动，在行情好的时候可能会部分追逐市场热点，在行情不佳的情况下可能会对一些重仓股维护股价。另外，也会对一些基本面有利好消息的股票抱团取暖。

二、QFII

QFII，即合格境外机构投资者。QFII 制度是指允许经核准的合格境外机构投资者在一定规定和限制下汇入一定额度的外汇资金，并转换为当地货币，通过严格监管的专门账户投资当地证券市场，其资本利得、股息等经审核后可转为外汇汇出的一种市场开放模式。通过 QFII 制度，管理层可以对外资进入进行必要的限制和引导，使之与本国的经济发展和证券市场发展相适应，控制外来资本对本国经济独立性的影响，抑制境外投机性游资对本国经济的冲击，推动资本市场国际化，促进资本市场健康发展。QFII 进入中国股市的意图并非短期炒作，而是真正的价值投资，他们虽然资金雄厚，但并不主导个股行情。若 QFII 进入或退出一只个股，大众投资者更应该关心的是这只股票的基本面问题，而不是技术指标。

三、券商

一般来说，券商是提供证券买卖服务的，但有一些实力强大的券商在提供服务的同时也进行机构性投资。这是因为券商自身资金实力强大，对于证券市场把握较为精准，因而可以通过将大笔资金投入股市中，达到快速增值的目的。在一般的股票行情软件中，我们是可以看到"券商持股"这一股票分类的。总体来说，券商在股市中的行为特点和基金基本相似，即多为被动持股，少数时间会随大势推波助澜。

四、民间游资或私募基金

民间游资或私募基金，是指一种针对少数投资者而私下(非公开)募集资金并成立运作的投资基金。在国内，民间游资或私募基金是沪深股市的热点制造者和推波助澜者，在弱势市场中民间游资的盈利模式是做超跌反弹。在市场处于平衡状态时，他们喜欢与其他操作积极的机构并肩作战。如果权重股稳定，民间游资可能会把注意力集中到小盘股上，同时他们也会适当地注意最新上市的、定位合理的新股和一些题材股。分析民间游资或私募基金的动向是短线爱好者的重要功课。

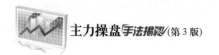

五、大小非

许多公司的部分股票暂时是不能上市流通的,这就是非流通股,也叫限售股,或叫限售 A 股。其中,小部分就叫小非,大部分叫大非。大非指的是大规模的限售流通股,占总股本的 5%以上;小非指的是小规模的限售流通股,占总股本的 5%以内。大小非解禁就是限售非流通股允许上市。人们在认识大小非的时候有一定的偏见,多数人只看见了大小非解禁对市场的压力。其实,有一些大非的减持并不一定是真的减持,而是倒换了持股账号,这样的技术性处理有利于后面的灵活操作。

第三节 主力控盘前的准备工作

主力是大规模的投资者,他们以高抛低吸赚取差价为目的。为达到这一目的,主力往往将控盘过程分成建仓、拉升、洗盘、出货等步骤,为确保这些步骤能够顺利实施,主力在控盘二级市场的某只个股之前,都会制订详细的计划并进行周密的准备。本节我们将讨论主力在控盘个股前所进行的准备工作。

一、招贤纳士

团队指挥者、掌握资金者、项目策划者、调研员、有经验的操盘手、消息灵通的人士以及公关人员等,都是主力团队不可缺少的人才储备。主力必须有好的人才储备才能使整个控盘过程得以顺利进行。

二、明确分工

在主力团队中,团队的管理者要给予每个人详细的任务分工并对其进行管理,如市场分析员要对二级市场总体走势、个股走势等技术方面的因素给出解释并预测未来走势;操盘手要能够做到严格按照指令进行买卖交易;调研员要负责给出上市公司及其所属行业的调研报告。另外,还要有负责收集消息、打通上市公司消息渠道的人员等。只有通过详细的分工、密切的合作,主力的各项计划才能顺利实施,主力的优势才能更充分地体现。

三、制定资金方案

主力的资金既可能来源于个人集资,又可能是机构投资者、上市公司自有资金,甚至有可能是银行信贷等。不同来源渠道的资金具有不同的性质,这就导致了主力要根据资金来源制订不同的控盘计划,以此来合理分配使用资金。

主力在控盘过程中会将资金分成两部分来使用:一部分为建仓资金,主要用来吸筹,即转换股票,主力主要靠这部分筹码赚钱;另一部分为控盘资金,主要用于拉升股价及应付各种突发性事件。这两部分资金的作用不同,使用方法也不同。通常,控盘资金以持币为主,建仓资金以持股为主;控盘资金以短线操作为主,建仓资金以中长线操作为主;控盘资金短线做多而长线做空,建仓资金则是长线做多。两笔资金在主力操控下相互配合,既迷惑了大众投资者,又有效地保证了主力的控盘成功。

四、筛选个股

在对资金有一个总体的布局与安排之后,接下来主力就会着手针对个股进行筛选。通常,主力会考虑行业、地域、业绩、盘子大小等标准进行选股。当然,不同类型的主力的选股标准也大不相同。对于长线主力而言,控盘过程较长,故而会选择那些业绩优秀、成长性良好的个股进行炒作,因为这些个股具有绩优的特性,更容易在长时间内获得广大投资者的认可;而短线主力则更注重"势",对于业绩则少了一些关注,因为就短期个股走势来说,那些具备良好题材、容易形成市场热点的个股更具有号召力,更容易在短时间内吸引大量的短线投机者介入,这些题材类个股所具备的种种短线优势使得这类股票往往成为短线主力的控盘首选。

五、对上市公司进行调研

对上市公司的调研是一项周密细致的工作,多出现在长线主力的控盘计划中。长线主力无论是资金布局规模,还是资金布局时间,都要远远长于短线主力,为了使自己在二级市场中不误入"雷区"、对自己手中的巨额资金负责,主力往往会在实际建仓前通过某种方式对相应的上市公司进行实地调研,这种调研也可以称为基本面实地考察。主力对上市公司基本面的调研,一般包括以下几个方面的内容。

(1) 公司所属行业及其行业地位。
(2) 与公司所属行业相关的产业链情况。

(3) 主导产品在所属行业内的档次定位。

(4) 研究公司的最新动态，判断企业未来的盈利增长能力。

(5) 公司财务管理水平、成本控制能力。

这些内容都有待于主力着手调研，主力不打没有准备之仗，只有当主力对上市公司有了充分的了解之后，才会着手介入二级市场。主力获得这些信息的渠道有通过人脉关系、到公司进行实地考察、通过相关券商的内部调研报告。

六、分析个股技术面

主力在二级市场中进驻个股前必须对此股的历史走势进行分析，如果不分析就无法获知此股是否已有其他主力提前介入，因此对这一情况的了解是必需的。如果对个股的历史走势了解不深或者根本不了解，就无法做到知己知彼，一旦在炒高价格后受到老庄主力干扰，就很难制定出切实可行的操盘方案。

七、制定操盘方案

为达到控盘成功的目的，主力会在不同的阶段(吸筹、拉升、洗盘、出货)制定不同的操盘方案，而究竟采取何种方案则取决于个股历史走势的实际情况和上市公司未来的业绩增速。所以，当主力详细地调研了上市公司的基本面情况，并分析了个股历史走势后，就会制定出详细准确的、可行的操盘方案，从而实现顺利控盘。

第四节　主力操盘的基本步骤

通常情况下，一个完整的运作流程包括十个阶段：建仓、试盘、洗盘、拉升、再次洗盘、再次拉升、出货、反弹、快速出货和扫尾。直到今天，还有众多操盘手按此流程进行操作。然而在实际运用中，由于主力控盘的整个过程必须适应市场的发展节奏，以及为了模糊市场的观察而使大众丧失分析判断的能力，所以有可能将吸盘、拉升、洗盘同时进行，也有可能将缓慢出货与快速砸盘夹杂着进行。另外，在实际操作中，由于主力不同，其操作风格也会有所不同。下面我们先来简单了解一些必要的操盘阶段。

一、建仓阶段

在股市中，我们常说的"建仓"就是在合适的点位及较低价位的二级市场中买入股票，等到上涨时卖出获利。主力的具体策略决定了买入的数量、买入的方式、建仓的时间长短等因素。

任何主力都是从建仓开始的，且在进入股市后要遵守股市的交易规则。在我国，股市不存在做空机制。也就是说，要想在股市中获利出局，必须实行低买高卖的策略。

通常情况下，主力对待个股的收集大都非常有耐心。因为对个股的收集并不是像一般大户那样买进几万股就可以了，实力强大的主力对流通盘的控盘程度都会达到50%以上，但要完成这些流通盘的吸纳必须经过较长的时间。除此之外，长线主力与短线主力把握建仓的时机也不同，长线主力更注重在恐慌的市场氛围中寻找价值被低估的品种来着手慢慢建仓；而短线主力则往往是利用市场热点及多头氛围在快进快出中获得收益。

二、洗盘阶段

洗盘，是指当主力收集到一定的股票筹码后，为防跟风盘或原持有的人搭乘顺风车而进行打压的一种手法。为了达到炒作的目的，主力必须在途中让投资者低价买进，让意志不坚定的散户抛出股票，以减轻上档压力，同时让持股者的平均价位升高，以利于实行控盘，从而牟取暴利。洗盘的目的是清洗掉市场内的获利筹码，使市场内的持股成本趋于一致。其一般的做法就是制造恐慌气氛，即向下打压。当持有人看见大幅下挫后，一般都会害怕，就有可能会将筹码抛出。

洗盘经常出现在建仓阶段和拉升阶段。在建仓阶段，主力可以在大盘下跌的配合下通过洗盘获得更低廉的筹码；而在拉升阶段，主力则可以通过洗盘洗掉不利于主力再次拉升的低价浮筹。

洗盘最终会造成大量的筹码被主力战略性锁定，从而导致市场内的浮动筹码大量减少，从而进一步集中筹码。主力在高抛低吸的洗盘中，也可兼收一段差价，以弥补其在拉升阶段将付出的较高成本。

三、拉升阶段

主力拉升股价的目的就是要将股价做上去，这样才能实现低买高卖，并从中获得经济上的收益。在洗盘之后，主力必然会拉升股价，而且是能拉到多高就拉到多高，然后在一个较高的价位套现出局。一般情况下，主力在拉升股价时都要借助外围因素，例如，有关上市公司或相关行业的一些朦胧利好消息、大盘企稳上升等，从而减轻拉升过程中的抛压，并逐步吸引跟风盘进场，以帮助主力

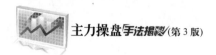

拉升股价。

主力拉升股价并不是一蹴而就的,其间还夹杂着洗盘、整理、再次拔高等阶段,且在拉升初期时,主力若认为吸筹不够充分,还将在拉升中进行一定量的吸筹,这都取决于主力的具体情况。

四、出货阶段

出货是指主力将手中筹码在高价位卖给市场进行套现的活动。出货是关系到主力控盘成败的一个重要环节,同时也是最难的一个环节。一般情况下,只有结合强势的大盘或利好消息才能顺利完成出货。若主力顺利完成出货,必定会获得十分丰厚的利润。通常情况下,主力出货都需要很长一段时间,反复进行数次炒作,才能最终完成全仓出货。

以上几个阶段是任何主力在实际运作时都要经历的阶段,主力的类型不同,其侧重点也不同。比如,长线主力更关注建仓阶段,而短线主力则比较关注拉升阶段。另外,主力在安排这几个阶段的顺序时也会有所不同,这也是主力策略不同的一种体现。

第五节　主力常用的操盘手法

主力手中握有大量的筹码和资金,可以在场内呼风唤雨,他们往往会利用手中的筹码通过对敲、护盘、砸盘、试盘等方式来达到自己的操盘目的。下面我们就来了解一下主力常用的操盘手法。

一、对敲

对敲,即利用成交量制造有利于主力的股票价位,从而吸引散户跟进或卖出。在控盘的任意一个环节中,主力都有可能运用对敲来达到不同的目的。下面我们来详细讲解一下对敲。

1. 建仓阶段对敲

主力之所以在建仓时对敲,主要是想在低价位时通过打压股票价格的方式买到更多更便宜的筹码。在K线图上通常表现为股价以小阴小阳线沿着10日均线持续上扬,且成交量温和放大,这说明有主力在逐步建仓;之后成交量继续放大且股价不断下跌,而这种下跌就是主力在利用大手笔对敲来打压股价。在这期间，股票价格基本上处于低位横盘，但是成交量出现了明显增加的现象。

另外，为了让股民觉得该股抛压沉重、上涨乏力从而抛出手中的股票，主力会在低位时更多地运用夹板的手法，上下都有大的买卖单，中间相差几分钱，同时不断有小买单建仓。

2. 洗盘阶段对敲

通常情况下，在震仓洗盘的过程中，为了使一些不够坚定的投资者出局，主力一般会采用大幅对敲震仓的手法。从盘口看，在盘中震荡时，高点和低点的成交量明显放大，这是主力为了控制股价涨跌幅度而用相当大的对敲手笔控制股票价格而造成的。

3. 拉升阶段对敲

在股价拉升时，为了提高股民的期望值，减少日后该股票在高位盘整时的抛盘压力，主力通常会利用大量对敲，制造该股被市场看好的现象。一般情况下，投资者往往需要提高报价才能成交。从盘口看，小手笔的买单往往不太容易成交，但每笔成交量有节奏地放大的现象很明显。强势股的买卖盘数量较大，股价上涨也很快，且没有回落的迹象。由于下边的买盘跟进很快，所以这时每笔的成交量会减少。对敲拉升股价不可能像建仓时那样投入更多的资金，再加上散户跟风者众多，虽然出现价量齐升，但主力参与的每笔成交量都在减少。

4. 出货阶段对敲

当股价在经过拉升之后，一些股评家就会开始注意该股，并对其进行评论，主力也不会错过这个好机会，于是股价再次以巨量上攻，主力则趁机开始出货。通常我们从盘口可以看到，在卖四、卖五价位上出现了较大手笔的成交，但却看不到非常大的卖出挂单。

成交之后，原来买一或者是买二上的买单都不见了或者减少了，这往往是主力在运用微妙的时间差报单方法对一些经验不足的投资者设下的陷阱。主力事先挂好的卖单往往都被一些跟风的散户买进。

5. 清仓阶段对敲

在主力出货之后，股票价格开始下跌，不少跟风买进的中小散户已经被套牢，成交量呈现明显萎缩的状态。此时，主力会找机会用较大的手笔连续对敲，从而拉升股价，只是主力不会再像以前那样卖力了。因为主力此时对敲、拉升的目的只是适当地拉高股价，以便能够把手中最后的筹码也卖个好价钱，所以较大的买卖盘往往会突然出现而又突然消失。

二、护盘

在大盘下跌时最能体现出个股的强弱。有些个股在大盘下跌时股价一落千丈，且在重要的支撑位、重要的均线位也毫无抵抗动作，这预示着主力已无驻守的能力，后市自然不容乐观；而有些个股走势则明显有别于大盘，因为主力积极护盘，这类个股值得投资者重点关注。一般来说，主力的护盘手法主要有以下几种。

1. 以横盘代替下跌

在大盘回调、大多数个股拉出长阴时，主力护盘积极的个股不愿随波逐流，而是保持缩量整理态势，等待最佳的拉升时机。实力较强、资金雄厚的主力通常会采取这种护盘手法。

2. 尾市拉升

尾市拉升的情况很复杂。如果股价涨幅已大，当天股价已逐波走低，但在尾市却被大笔买单拉起的个股，那么投资者就要特别警惕了。因为，此类个股通常是主力在派发之后为保持良好的技术形态而故意制造出来的。有些个股涨幅不大，虽然盘中出现较大的跌幅，但是尾市却被买单收复失地，这就是主力护盘的一种形式。一般情况下，采取这种护盘手法的主力实力较弱，若资金供应紧张，即使大盘止跌企稳，其庄股也很难有上佳表现。

3. 顺势回落等待时机

有些主力对大盘走势的估计有误，在大盘回调之际逆市拉升，受拖累后回落，在 K 线图上收出带长上影的 K 线，但整体升势却未被破坏，此类个股短期内有望卷土重来。只要大盘回升，这类庄股往往就有较强的反弹走势。

三、砸盘

当主力已经完成建仓，就会推高股价，以便将来高位派发出货；而当主力资金还没有充分建仓时，一般会采用打压震仓的方法，以便逢低进货。若一只股票已经到了跌无可跌的地步，且仍然遭到肆意的砸盘打压，这时空方的动机就值得投资者反思了。有时个股的投资价值能从主力的刻意打压行为中反映出来，从而为投资者提供最佳的建仓时机。通常来说，主力的砸盘主要有以下几个特点。

1. 在成本分布方面

在成本分布方面，主要是通过对移动筹码的平均成本和三角形分布进行分析。若发现该股票的获利盘长时间处于较低水平，甚至在短时间内没有什么获利盘，且股价仍然遭到空方的肆意打压，就可以断定这是主力的刻意打压行为。

2. 在均线与乖离率方面

当股价偏离均线系统过远、乖离率的负值过大时，往往会向0值回归。这时若仍然有资金继续打压，则可视为主力的刻意打压行为。

3. 在成交量方面

当股价下跌到一定位置时，由于亏损幅度过大，一些投资者会惜售，成交量也会逐渐缩小，直至出现地量水平。这时若有巨量砸盘或者有大手笔的委卖盘压在上方，但股价却没有因此而受到较大的影响，则表明这是主力的恐吓性打压。

4. 走势的独立性

若大盘处于较为平稳的阶段或者跌幅有限的正常调整阶段，而股价却异乎寻常地破位大幅下跌，且没有发现任何引发下跌的实质性原因，则说明主力正在有所图谋地刻意打压。

当通过上述四个方面的解析，确认主力是在有意砸盘的时候，投资者则可以把握时机进行买进操作。

四、试盘

在庄股进入拉升前，主力会先用部分资金进行试盘，看看买卖双方力量如何，分析散户的投资心态和跟风意愿，然后再实施进一步的控盘策略。通常情况下，主力会采取以下两种方法进行试盘。

1. 盘中推高股价试盘法

从盘面看到的成交方式是主力先行挂单，对敲买卖推高股价，这个过程中产生的交易量基本都是主力用自身筹码和自身资金进行活动。若大多数人逢高减磅，那盘面抛压将会很沉重。

当盘面出现抛压沉重状况时，主力将会面临两种选择。

（1）快速拉高封上涨停板。其目的是虚张声势，拉升股价，从而减轻抛压。这时候走势图形上呈现的是某天股票拉涨停后又恢复下跌，而量能则处于缩量状态。

(2) 快速拉高而当天又快速滑落。其目的是当天快速收回资金，从而保持仓位的稳定性，这时候走势图形上呈现放巨量的长上影线。接下来几天任由股价飘摇下跌，让散户在该股中成交，使得该股行情继续冷淡下去，逐渐消磨持股者的耐心。

若在试盘中散户追高意愿强烈，主力往往就此展开拉升行情。在盘面中，伴随着成交量的不断放大，股价持续上升，且股价将在主力与散户合力买盘的推动下步步走高。

2. 盘中打压股价试盘法

盘中打压股价试盘法是在开盘不久后就用对倒的手法将股价小幅打低，从而测试盘中浮动筹码有多少。若立即引来大量的抛盘出场，说明市场中持股心态不稳，浮动筹码较多，不利于主力推高股价，那么主力会稍做拉升后进一步打低股价，以刺激短线客离场来洗清盘面。

若主力的打压未引出更大的抛盘，股价只是轻微下跌，并且成交量迅速萎缩，说明市场中持股心态稳定，没有大量的浮动筹码。当洗盘已经持续了一段时间，且从整体看成交量已萎缩到一个较低的水平时，如果主力试盘后出现这种分时走势图，不久后主力就会展开大幅的拉升行情。

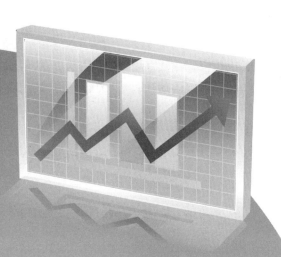

第二章

看盘基础

任何一个在股票上取得巨大成功的投资者，都是看盘高手，他们的看盘能力都十分专业。毕竟，炒股靠的不是运气，而是实力。所以，股民朋友要观察、分析股市行情的变化，既要学会看盘，又要通过分析盘口和盘面的信息与数据从中获得有效的信息，并做出正确的决策。本章我们就来学习一些看盘的基本知识。

第一节 如何看K线图与分时图

学习看盘，最基本的就是要先学会看K线图和分时图，并分析其中包含的信息，通过观察这些基本信息，可以大概了解一下当前大盘的走势以及个股的走势。下面我们分别来学习如何看K线图和分时图。

一、如何看K线图

1. 大盘K线

首先，我们来学习如何看大盘K线图。

多数行情分析软件都提供了几十个沪深市场的各类指数，而其中最常用的就是上证综合指数和深证成分指数的分时走势图及其K线图。下面以上证综合指数的图形为例进行讲解。打开任何一款通用的行情分析软件，按F3键或03+Enter组合键可以看到分时走势图，然后按F5键即可切换到K线界面。这里以通达信软件(东方财富版)为例来进行介绍，其界面如图2-1所示。

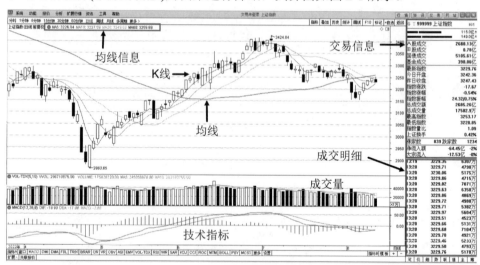

图2-1 上证指数的K线图

1) 主窗口

系统画面的正中心是主窗口，最上面显示的是"均线周期的说明(均线指示)"，这表明了当前画面上所使用的各类均线的周期，以及其对应均线的颜色；

接下来就是 K 线图，它占据系统画面的面积最大，是我们主要的研究对象；K 线图周围的各色曲线是"均线系统"，一般的软件系统默认的是 4 个不同周期的均线，投资者也可以根据需要自行调整均线的参数。

2) 辅助窗口

主窗口的下面是辅助窗口，主要是用来显示各类技术指标图，其中最为常见的就是"成交量指标图"。成交量指标图包括成交量柱状图和均量线图。在成交量柱状图中，每一根柱状线代表某一周期的累计成交量(单位为手)，若投资者看的是日 K 线图，这里的每根柱状线显示的则是当日的成交量。成交量柱状图的颜色随着指数的涨跌而改变，若指数当时收的是阳线，则成交量柱状图的颜色为红色；若指数当时收的是阴线，则成交量柱状图的颜色为绿色。均量线有黄色和白色两条，是分析成交量变化的辅助工具。

位于"成交量指标图"下方的是其他技术指标图，投资者可以根据自己的需要自行添加和更换。一般行情分析软件会提供百余种的技术指标图，投资者可以根据需要自行设置，如需要显示 MACD 指标时，只要输入"MACD"然后按 Enter 键即可。

3) 交易信息栏

交易信息栏位于系统画面的右上方，它是显示当天大盘指数主要信息的窗口。投资者可以通过对其中信息的对比和分析，对上交所当天的交易概况有一个全面且快速的认识。通常情况下，位于最上面的是当前的"指数名称"，如"上证指数""地产指数""B 股指数"等。在大盘的"交易信息"栏里，位于上半部分的中间部分是一些分类市场的成交情况，如"A 股成交""国债成交""基金成交"等，而位于下半部分的则是与大盘相关的即时行情信息。各项即时行情信息的含义如下。

(1) 最新指数：表示现在该指数的最新数值。

(2) 今日开盘：表示今日该指数的开盘点数。

(3) 昨日收盘：表示昨日该指数的收盘点数。

(4) 指数涨跌：表示现在该指数距离昨日收盘指数的涨跌点数。

(5) 指数涨幅：用现在该指数的涨跌数值，除以昨日该指数的收盘点数，再乘以 100%，即可得出该数值。它体现了该指数现在的涨幅状况。

(6) 指数振幅：用从开盘到现在为止的该指数最高点和最低点之间的差值，除以昨日该指数收盘时的点数，再乘以 100%，即可得出该数值。它体现了今日该指数的波动幅度。

(7) 总成交额：表示开盘后到现在为止，该指数所含标的物的成交总金额(单位为元)。

(8) 总成交量：表示开盘后到现在为止，该指数所含标的物的成交总量(单位为手)。

(9) 最高指数：表示开盘后到现在为止，当日该指数曾出现过的最高点数。

(10) 最低指数：表示开盘后到现在为止，当日该指数曾出现过的最低点数。

(11) 指数量比：是即时每分钟平均成交量与之前连续 5 天平均每分钟的成交量之比。它能够客观真实地反映盘口成交异动及其力度。

(12) 上证换手：用现在上海证券交易所的即时成交量除以昨日收盘时该交易所的总流通股数，再乘以 100%，即可得出该数值。它体现了现在上交所的交易活跃状况。

(13) 涨家数：表示在该指数所含的标的物中，当前上涨家数的总和。

(14) 跌家数：表示在该指数所含的标的物中，当前下跌家数的总和。

4) 成交明细栏

位于"交易信息"栏下面的是"成交明细"栏，它显示了各指数即时的点位状况和在该点位上的成交状况。双击该位置，可以查看当日的成交明细。

5) 子功能窗口

子功能窗口主要显示了"笔、价、细、势、指、联、值、主、筹"这几个数据，通过鼠标切换，投资者可以得到以下信息。

(1) 笔：是指分笔成交明细，即在什么时间、什么指数点位成交了多少手股票(大盘图上)；或在什么时间、以什么价格成交了多少手股票(个股图上)。"笔"通常作为这块区域的默认显示图。

(2) 价：是指当日的分价表，即在什么指数点位上成交了多少手股票(大盘图上)；或在什么价位成交了多少手股票(个股图上)。

(3) 细：是指逐笔成交明细，即在每分钟内的所有成交记录。只要是在交易所有成交记录的，都会在这里逐秒显示出来(个股图上)，但该功能只在 Level-2 版本中才能使用。

(4) 势：是指大盘现在的分时走势图(大盘图上)，或个股的分时走势图(个股图上)。

(5) 指：显示现在的大盘指数的分时走势图。如果所查询的个股属于上海交易所，这里则显示当时的上证指数的分时走势图；如果所查询的个股属于深圳交易所，这里则显示当时的深成指数的分时走势图。

(6) 联：根据个股所在的交易所，显示对应指数分时信息，如当时股票为上海交易所上市股票，则显示上证指数。

(7) 值：是指相关的数据值，如总股本、总流通股本、总市值、流通市值、平均市盈率等数据(大盘图上)；人均市值、人均持股等信息(个股图上)。

(8) 主：显示主力精灵。

(9) 筹：是指移动筹码分布图，它反映了不同投资者在不同时间的持仓数量和持仓价格(成本)，这对于分析主力资金进出状况，以及分析股价的压力位、支撑位均有一定的作用。这个指标要在个股日 K 线图上才能看得到。

2. 个股 K 线

在软件中直接输入个股的代码就可以打开个股的 K 线图，若打开的是分时图，则按下 F5 键即可进行切换。个股 K 线图界面包括个股日 K 线、周 K 线和月 K 线图界面等，其中个股日 K 线图界面是最常用的。以日 K 线为例，个股 K 线图界面主要由三部分构成：由 K 线和均线构成的股价走势图位于最上面，由成交量构成的成交量指标图位于中间，而由其他各类指标构成的技术指标分析图位于最下面。这些同大盘的 K 线图没有什么不同，主要区别在于 K 线图的右边部分。位于个股 K 线界面右边部分的是股票交易信息栏，由股票名称、报价栏、个股信息栏、成交明细栏、子功能窗口等部分构成，如图 2-2 所示。

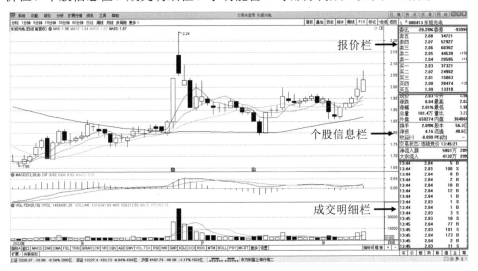

图 2-2 个股 K 线图

下面介绍报价栏、个股信息栏和成交明细栏。

1) 报价栏

个股的"报价栏"区域位于"股票名称"的下面，其中上半部分是"委托卖盘"，下半部分是"委托买盘"。

"报价栏"是研究个股盘口数据的重要区域，这里会出现很多虚假的委托买单或卖单。因此，从"报价栏"中可以看到主力机构的动作及意图，投资者也可以从这里获得读懂盘面信息的第一手资料，其数据的变化具有极高的参考价值。

2) 个股信息栏

个股信息栏显示当前个股的综合性资料。它主要包括以下内容。

(1) 现价：表示该股目前最后一笔的成交价格。

(2) 涨跌：是该股当前最新价格减去昨日收盘价的结果。

(3) 涨幅：是涨跌价格除以昨日收盘价再乘以 100% 的结果。

(4) 总量：表示从今日开盘到最近一笔为止，该股所有累计成交手数的总和，1 手为 100 股。

(5) 今开：表示该股当日的第一笔成交价格。

(6) 最高：表示从今日开盘到最近一笔为止，该股成交的最高价格。

(7) 最低：表示从今日开盘到最近一笔为止，该股成交的最低价格。

(8) 量比：是指股市开市后平均每分钟的成交量与过去 5 日平均每分钟成交量之比。它反映的是现在的成交量和过去某一段时间内的一个平均成交量的比值。

从理论上来说，量比可以反映出当前的成交量是否异常。但事实上，这个数据没有太大意义。首先，涨幅排在前列的股票，其成交量和量比都比较大，根据量比来搜索目标股毫无意义；其次，股价要涨，成交量可大可小，不能只按量比大小来搜索目标股；再加上成交量可以作假，量比自然就不会真实，量比数据也就失去了特定的含义。

(9) 内盘：表示从今日开盘到最近一笔为止，该股所有以委托买入价成交的手数总和。

(10) 外盘：表示从今日开盘到最近一笔为止，该股所有以委托卖出价成交的手数总和。

内盘和外盘的大小对于判断股票的走势没有太大的意义，因为其作假的成分比较多。看当日的个股走势图时，主要是看盘口买卖挂单和真实成交的数据变化，它们才是第一手资料；而对于个股多日 K 线图而言，主要是看其阶段性的量价配合情况。

(11) 换手：指"换手率"，是阶段性成交量除以流通股总数再乘以 100% 的结果。

(12) 净资：指"每股净资本"，是用该股票所属公司的净资产除以总股本之后的结果。

(13) 股本：指"总股本"，是该股票所属公司全部股东所持普通股股票的总数之和，含流通的股票和未流通的股票，也含 A 股和 B 股。

(14) 流通：指"流通 A 股"，是该股票所属公司当前实际上市流通的 A 股总数。

(15) 收益：指"每股收益"，是该股票所属公司当年前几季度的净利润之和除以总股本之后的结果。

(16) PE(动)：指"动态市盈率"。通常情况下，股票市盈率的高低与其投资价值成反比，市盈率高就意味着股票的市场价格偏高或公司利润偏低，但也可能意味着个股具有长期看好的内在价值和预期回报；市盈率过低也并不一定可以凸显股票的价值，因为市盈率过低也可能是因为该股票本身就存在着某些问题，从而使股价难以提高。所以，看市盈率指标的关键是要看股价是否高得离谱或低得离谱。

3) 成交明细栏

"成交明细"里显示的是个股每个时刻在不同价格上成交的手数。

二、如何看分时图

1. 大盘分时走势

在行情软件中，只需按 F3 键，就可以打开大盘分时图界面，如图 2-3 所示。

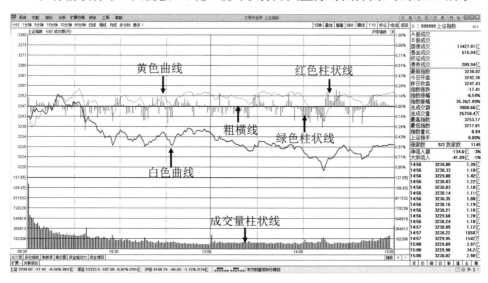

图 2-3　上证指数某日的分时图

下面简单介绍一下分时图的各部分。

1) 红色柱状线和绿色柱状线

在大盘分时走势图中，红色柱状线和绿色柱状线是用来反映指数上涨或下跌的强弱程度。当大盘向上运行时，在横线上方就会出现红色柱状线，其出现得越多、越高，则上涨的力度越强；如果红色柱状线渐渐减少、缩短，则说明上涨的力度渐渐减弱。当大盘向下运行时，在横线下方就会出现绿色柱状线，其出现得越多、越长，则下跌的力度越强；如果绿色柱状线渐渐减少、缩短，则说明下跌的力度渐渐减弱。

2) 粗横线

粗横线表示上一个交易日指数的收盘位置。它是当日大盘上涨与下跌的分界线，位于其上方的是大盘的上涨区域，而位于其下方的则是大盘的下跌区域。

3) 白色曲线和黄色曲线

白色曲线，表示上证交易所对外公布的通常意义下的大盘指数，即加权数。黄色曲线，是在不考虑上市股票发行数量多少的情况下，将所有股票对上证指数的影响等同对待的不含加权数的大盘指数。

通过分析白色曲线和黄色曲线的相对位置关系，我们可以从中得到以下信息。

当指数上涨时，若黄色曲线在白色曲线走势之上，表示发行数量少(盘小)的股票涨幅较大；若黄色曲线在白色曲线走势之下，则表示发行数量多的股票(权重股)涨幅较大。

当指数下跌时，若黄色曲线仍然在白色曲线之上，表示小盘股的跌幅小于大盘股的跌幅；而若黄色曲线在白色曲线之下，则说明小盘股的跌幅大于权重股的跌幅。

4) 成交量柱状线

成交量柱状线表示每分钟的成交量，单位为手。最左边的一根特长线是集合竞价时的交易量，后面每分钟出现一根。

成交量大时，柱状线就拉长；而成交量小时，柱状线就缩短。

2. 个股分时走势

当要查看个股的分时图以及 K 线图时，只要输入个股的代码，或者股票名称简称的第一个字母，如输入"00245"或者"hkws"，然后按 Enter 键，即可打开"海康威视"的走势图，如图 2-4 所示。若打开的是 K 线界面，按下 F5 键即可切换至分时图。

第二章 看盘基础

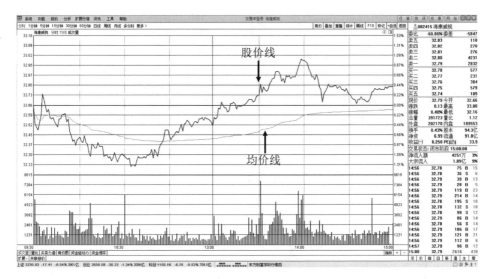

图 2-4 个股分时图

1) 股价线

股价线(白色曲线)表示该只股票的即时成交价格。

2) 均价线

均价线(黄色曲线)表示该只股票的平均价格。它是从当日开盘到现在的平均交易价格画成的曲线，其作用类似于移动平均线。

其右侧内容与个股 K 线界面相同，这里就不再赘述。

第二节 软件的基本使用方法

一、快捷键

在计算机键盘的最上面有一排功能键区，从 F1 到 F12 都是开发者为方便程序自定义功能的按键。下面以通达信软件为例，对这些功能键在股票分析时的应用进行说明。

F1 键(或按 01+Enter 键)：在个股分时图上按 F1 键，即可查看股票当日全天的成交明细；在个股 K 线图上按 F1 键，即可进入历史日成交报表，通过它可以查看近段时期以来的个股日成交概况。

F2 键(或按 02+Enter 键)：查看股票当日全天的分价表，通过对分价表的分析，投资者可以了解个股在当日盘中的成交密集区、阻力区和支撑区。

F3 键(或按 03+Enter 键)：查看上证综合指数(即上证领先指标)的即时走势图。

F4 键(或按 04+Enter 键)：查看深圳成分指数(即深证领先指标)的即时走势图。

F5 键(或按 05+Enter 键)：切换分时图和 K 线图。

F6 键(或按 06+Enter 键)：查看自选股的情况。

F7 键(或按 07+Enter 键)：进入资讯栏。这个键的功能在不同的软件里会有所区别。

F8 键(或按 08+Enter 键)：切换 K 线周期，如进入周 K 线图、月 K 线图、季 K 线图、5 分钟 K 线图等。

F9 键(或按 09+ Enter 键)：进入网上下单交易窗口。这个键的功能在不同的软件里也是不同的。

F10 键(或按 10+Enter 键)：查看个股基本面的详细资料，包括公司的最新动态、公司概况、股本结构、相关报道、公司公告、财务分析、机构持股等信息。

另外，还有以下一些组合键的功能也应该记住。

按 61+Enter 键进入沪 A 涨幅排名。

按 62+Enter 键进入沪 B 涨幅排名。

按 63+Enter 键进入深 A 涨幅排名。

按 64+Enter 键进入深 B 涨幅排名。

按 67+Enter 键进入沪深 A 涨幅排名(有的软件上是按 60+Enter 键)。

按 68+Enter 键进入沪深 B 涨幅排名。

按 81+Enter 键进入沪 A 综合排名。

按 82+Enter 键进入沪 B 综合排名。

按 83+Enter 键进入深 A 综合排名。

按 84+Enter 键进入深 B 综合排名。

按 87+Enter 键进入沪深 A 综合排名(有的软件上是按 80+Enter 键)。

按 88+Enter 键进入沪深 B 综合排名。

二、如何叠加指数

如果想在查看分时图时，同时查看对应的大盘走势，但不想按 F3 键进行切换，那么可以将大盘分时叠加到个股分时走势中来。

在分时界面中右击鼠标，在弹出的快捷菜单中选择"叠加品种"→"自动叠加对应大盘指数"命令，就可以将大盘分时图与个股分时走势叠加起来，如图 2-5、图 2-6 所示。

第二章 看盘基础

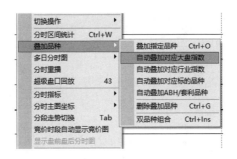

图 2-5 选择命令

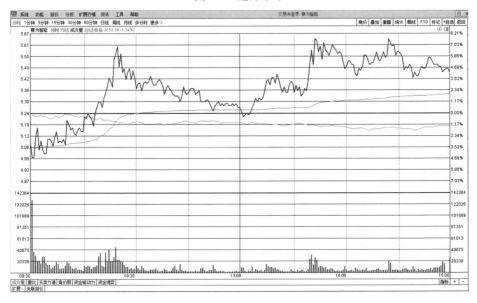

图 2-6 叠加效果

三、调用技术指标

如果想要查看某种技术指标，可以直接在 K 线界面图中输入指标的名称，如输入"MACD"，就会显示出 MACD 指标，如图 2-7 所示。有时为了满足分析的需要，投资者需要同时在主界面中显示多个指标，这就需要显示出多个窗口。例如，在 K 线图界面中右击鼠标，在弹出的快捷菜单中选择"分时指标"命令，并在弹出的子菜单中选择要显示的窗口个数即可，如图 2-8 所示，这样就可以在下方的每个窗口显示不同的指标。

图 2-7 显示指标

图 2-8 显示窗口个数

四、显示交易提示

对于新手股民朋友来讲，如果对一些指标的应用还不是很了解，不妨借助指标的自动提示功能来帮助自己做一些决策。也就是说，可以根据某些指标的交易提示进行相应的操作指导。通过下面的方法可以显示出一些指标的交易提示信息。

在窗口空白处单击鼠标右键，在弹出的快捷菜单中选择"系统指示"→"专家系统指示"命令，如图 2-9 所示。在打开的窗口中选择一个技术指标，如"MACD"，然后单击"确定"按钮，如图 2-10 所示。这样，在 K 线图中就会显示出该指标的交易提示信息，如图 2-11 所示。

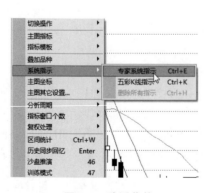

图 2-9 选择菜单

图 2-10 选择指标名称

图 2-11 显示交易提示信息

五、多股同列

多股同列是指行情分析软件可以自行将 K 线图的主窗口划分为 4 个、9 个或 16 个小窗口，以便同时显示 4 只、9 只或 16 只股票的 K 线图，如图 2-12 所示。在通信达软件上，选择"分析"→"多股同列"菜单命令，或者按下 Ctrl+M 组合键即可。

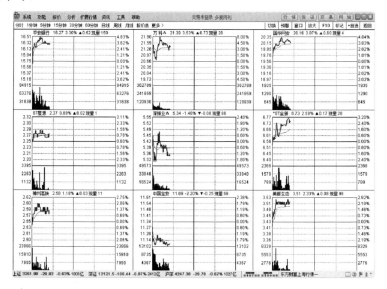

图 2-12 多股同列

投资者可以根据自己的需要，更改"系统设置"里的具体参数来自定义股票的多股同列数量。选择"工具"→"系统设置"菜单命令，即可进行列数的选择，如图 2-13 所示。

图 2-13　设置多股同列数

六、多窗口看盘

多窗口看盘是指在个股 K 线图界面上，借助多个小窗口可同时查看多个股票信息。在通信达软件上，选择"功能"→"定制版面"→"盘中监测"菜单命令即可实现，如图 2-14 所示。多窗口看盘能够最大化地利用屏幕空间，且不需要来回切换画面即可实现同时监测各行情的功能。除此之外，还可以利用"全景""看盘""多头鹰"等功能实现多窗口看盘。

图 2-14　多窗口看盘

七、查看主力动向

通常，交易软件中会提供一个监控主力的工具。用户只要把它调出来就可以看到相关股票的主力动向，这有助于及时观察个股的异动，对分析个股的交易点有很大的帮助。在软件中选择"功能"→"预警系统"→"主力监控精灵"菜单命令，即可打开主力监控功能，如图 2-15 所示。

八、选股器选股

通达信软件提供了非常实用的选股器功能，系统提供了定制选股、条件选股、模式选股等选股方式，用户可以通过选择"功能"→"选股器"命令选择相应的选股模式，如图 2-16、图 2-17、图 2-18 所示。

图 2-15　主力监控精灵

图 2-16　定制选股

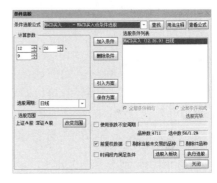

图 2-17　条件选股

图 2-18　模式选股

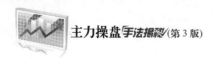

第三节 看盘需关注的要点

看盘并不是一天到晚盯着股价的变动和大盘的变化,而是要关注很多内容,只有这样,投资者才能从变幻莫测的股市中辨别主力的动向和意图,从而判断出交易的时机。通常来讲,看盘主要关注以下内容。

一、开盘

开盘后的3个10分钟是重中之重,它几乎决定了大盘当天的走势,所以投资者一定要注意观察其中的变化。

1. 9点30分到9点40分

这是开盘后的第一个10分钟。一般来说,买卖双方对这个时间段都十分重视。由于此时股民人数不多,且盘中买卖量都不是很大,因此用不大的交易量就可以达到预期的目的,俗称"花钱少,收获大"。

在这个时间段内,若多头为了能顺利地吸到货,开盘后便会迫不及待地抢进,而此时空头为了能顺利地完成派发,也故意拉高股价,就会造成开盘后的急速冲高,这是在大牛市中经常可以看到的现象;若多头为了能吸到便宜货,在开盘时就会将股价压低,而空头或散户就会被吓得胆战心惊,不顾一切地抛售手中的股票,就会造成开盘后的股价急速下跌的现象。

2. 9点40分到9点50分

在第二个10分钟内,买卖双方在经过前一轮的搏杀之后进入休整阶段。在这个阶段,大盘一般会对原有趋势进行修正。若空头逼得太急,多头就会组织反击,抄底盘会大举介入;若多头攻得太猛,则空头会予以反击,积极回吐手中存盘。因此,这段时间是新股民朋友们买入或卖出的一个转折点。

3. 9点50分到10点

在第三个10分钟内,股市中参与交易的人逐渐聚集,买卖盘变得较为实在,因此这个阶段所反映出来的信息的可信度相对较高。在走势上,这一阶段基本上成为全天大盘走向的基础。

开盘价是多空双方都认可的结果,也是多空力量的均衡。新手可以通过观察开盘后30分钟的市场表现,对大势做出正确的研判。

二、尾盘

我们把从 14 点 30 分到 15 点的这 30 分钟称作尾盘，它总结了多空双方一天的搏斗，一直为新股民所重视。尾盘处于承前启后的特殊位置，它既可以有效地回顾前市，又能起到预测后市的作用。

比如，尾市收红且出现长下影线，那就是探底获支撑后的反弹，如果次日以高开居多，新股民就可以考虑跟进。鉴于尾盘的重要性，买卖双方都会从收盘股指、股价两方面进行激烈的争夺。下面两点必须引起新股民的特别注意。

1. "星期一效应"与"星期五效应"

在每周的星期一，无论收盘股指、股价是收阳线还是收阴线，对全周交易的影响都很大。由于买(卖)方首战告捷，往往会乘胜追击，进而接连出现数根阳线或数根阴线，因此新股民应加以警惕。

一般在星期五的时候，投资者都会很谨慎，因为其后有两天休市，在这期间所发生的政治、经济事件难免会对股市产生影响。为了回避可能存在的系统性风险，大多数投资者会选择降低仓位。由于这种现象普遍存在，因此被称为"星期五现象"。

2. 庄家骗线

通常情况下，庄家会借助技术指标骗线，在尾盘时放大单故意拉高或打压收盘股指、股价，造成次日跳空高开或者是低开，以达到庄家次日趁股价拉高出货或者是低开压价吃货的目的。

通常可以使用下列方法对在尾盘是否存在庄家骗线的行为加以鉴别。

1) 看有无大的成交量配合

高收盘或者低收盘时，如果成交量过小，则说明多(空)方无力量；如果成交量过大，那就说明是多方吃货或者空方出货；而如果这两种情况同时出现，新股民就必须警惕，这有可能是庄家的陷阱，请谨慎入市。

2) 看有无利多或者利空消息、传言配合，同时分析传言的真伪

结合大成交量、利多或者利空消息，股民们可以初步确认是"多头"还是"空头"行情，从而决定是买入还是卖出股票。若新股民一时无法认清是不是庄家所为，为了防止上当受骗，操作中既不要"满仓"，也不要"空仓"。

三、竞价成交量

一般情况下，在竞价结束后，个股大部分都会出现当天的第一笔成交数据；个别交易冷清的股票可能无竞价数据。

第一笔成交量较大的股票，说明市场资金关注度较高，是交易的热门股票，如图 2-19 所示。

无成交数据的个股，说明很少有资金关注或主力暂时蛰伏，属于冷门股票，如图 2-20 所示。

1000 300131 英唐智控			
委比	51.03%	委差	7481
卖五	5.91	10	
卖四	5.90	1734	
卖三	5.89	22	
卖二	5.88	1743	
卖一	5.87	80	
买一	5.86	582	
买二	5.85	653	
买三	5.84	247	
买四	5.83	632	
买五	5.82	8956	
现价	5.86	今开	5.86
涨跌	-0.10	最高	5.86
涨幅	-1.68%	最低	5.86
总量	33810	量比	13.95
外盘	16905	内盘	16905
换手	0.35%	股本	10.7亿
净资	1.41	流通	9.53亿
收益(一)	0.030	PE(动)	54.6
交易状态: 盘中休市 09:25:03			
09:25	5.86	33810	812

图 2-19　热门股的第一单成交数据

L 300673 佩蒂股份			
委比	-75.19%	委差	-97
卖五	16.74	14	
卖四	16.73	32	
卖三	16.70	28	
卖二	16.66	20	
卖一	16.65	19	
买一	16.58	1	
买二	16.56	6	
买三	16.53	5	
买四	16.51	2	
买五	16.41	2	
现价	16.64	今开	16.64
涨跌	0.06	最高	16.64
涨幅	0.36%	最低	16.64
总量	2	量比	0.04
外盘	1	内盘	1
换手	0.00%	股本	2.53亿
净资	6.63	流通	1.63亿
收益(一)	0.110	PE(动)	36.9
交易状态: 盘中休市 09:25:03			
09:25	16.64	2	1

图 2-20　冷门股的第一单成交数据

第一笔成交量一般的股票，说明市场资金未热切关注，主力未主动参与。

分析第一笔成交数据，对准备买入和已经持有的股票做出前瞻性判断非常有利，结合其他预测性指标，大致可以对目标股票做出买入、卖出等不同的决策。

四、内外盘情况

在国内股票软件中，绿色数字通常表示内盘。例如，有投资者卖中国石化 100 手并希望马上成交，可以按买 1 的价格卖出 100 手，便可以尽快成交。这种以低价位叫买价成交的股票成交量称作内盘，也就是主动性抛盘，体现了投资者卖出股票的决心。

第二章 看盘基础

若投资者不看好后市,为了保证卖出的股票一定成交,就会抢在别人前面先卖出股票,以更低的价格报单卖出股票。这些报单都应计入内盘,其内盘的积累数越大(和外盘相比),则说明主动性抛盘越多,投资者不看好后市,股票继续下跌的可能性很大。

在国内股票软件中,通常用红色代表外盘,表示投资者看好后市,反映了投资者买入股票的决心,股市上涨的可能性很大。

通过卖盘、买盘数量的大小和比例,新股民可以通过主动性买盘或主动性卖盘的方式对比发现庄家动向,这是一个比较有效的短线指标。但新股民在使用外盘和内盘时,要注意结合股价在低位、中位和高位的成交情况以及该股的总成交量情况。因为外盘、内盘的数量并不是在所有的时间都有效,在许多时候外盘大,股价并不一定上涨;内盘大,股价也并不一定下跌。

庄家可以利用外盘、内盘的数量对股民进行欺骗,如在大量的实践中,我们会发现下面几种情况。

(1) 股价在经过了较长时间的数浪上涨之后,处于较高价位,且成交量巨大,并且不能再继续增加。当内盘数量增加,且大于外盘数量时,股价可能会开始下跌。

(2) 在股价的上涨过程中,时常会出现内盘大、外盘小的情况,但这种情况并不代表股价一定会下跌。因为有些时候庄家会用几笔买单将股价拉至一个相对的高位,然后在股价小跌后,在买一、买二挂买单,一些投资者认为股价会下跌,纷纷以叫买价卖出股票,而庄家会分步挂单,将抛单通通接走。这种先拉高后低位挂买单的手法,常会显示内盘大、外盘小,待庄家接足筹码后会迅速继续推高股价。

(3) 股价经过了较长时间的数浪下跌之后,处于较低的价位,且成交量极度萎缩。此后,成交量开始温和放量,当日外盘数量增加且大于内盘数量时,股价将有可能会上涨,这种情况比较可靠。

(4) 在股价的阴跌过程中,经常会出现外盘大、内盘小的情况,但这种情况并不表示股价一定会上涨,因为有些时候庄家会用几笔抛单将股价打至较低位置,然后在卖一、卖二挂卖单,并自己买自己的卖单,造成股价暂时横盘或小幅上升。此时的外盘将明显大于内盘,使新股民认为庄家在吃货从而纷纷买入,结果次日股价却继续下跌。

当股价已下跌了较大的幅度时,若某日内盘大量增加,但股价却不下跌,新股民就要警惕了,这种现象很可能打压是假、吃货是真。而当股价已上涨了较大的涨幅时,若某日外盘大量增加,但股价却不涨,新股民就要警惕庄家是在制造假象,准备出货。

总体来说，内盘和外盘的大小对判断股票的走势有一定帮助，但一定要同时结合股价所处的位置和成交量的大小进行判断，而且更要注意股票走势的大形态，千万不能因为过分注重细节而忽略了大局。

五、阻力位与支撑位

阻力位，即在股价上升时可能遇到压力，从而开始反转下跌的价位；支撑位，即股价在下跌时可能遇到支撑，从而开始止跌回稳的价位。阻力越大，其股价上行就越困难；而支撑越强，股价则越跌不下去。

一般来说，阻力位和支撑位在股价运行的时候，它们的位置是可以互换的。具体来说，若重大的阻力位被有效突破，那么该阻力位反过来就会变成未来重要的支撑位；若重要的支撑位被有效击穿，则该价位反而会变成今后股价上涨的阻力位。

把握好阻力位与支撑位有助于新股民对大市和个股进行研判。比如，当指数或股价冲过阻力区时，则表示市道或股价走势很强，可买进或不卖出；而当指数或股价跌破支撑区时，则表示市道或股价走势很弱，可以卖出或不买进。

一般来说，可以通过以下几种方法确认阻力位与支撑位。

1. 心理形成的支撑位和阻力位

向上跳空的缺口是支撑位，向下跳空的缺口是阻力位。由于人们的心理作用，一些整数位置经常会成为上升时的重要阻力，如3000点、3500点、5000点等；在个股价位上，如10元、20元大关等，特别是一些个股的整数关口经常会积累大量卖单。若指数从3500点跌至3000点，自然会引起人们惜售。

2. 移动平均线形成的支撑位和阻力位

移动平均线就是MA指标，简单来说，如5、10、20、30、60、120、250日均线都是可以作为阻力线和支撑线的，这些线如在股价下方，构成的是支撑线；如在股价上方，构成的是压力线，也称阻力线。

3. 趋势线形成的支撑位和阻力位

趋势线形成的支撑或压力与MA平均线的原理基本一致，其判断的方法也基本相同。如果股价运行在趋势线之上，趋势线就是支撑线；如果股价运行在趋势线之下，趋势线则是压力线。

4. 前期的高点位

上次到此位下调，说明该价位抛压较重，此次冲击此点还会受到抛压影响，因此还是阻力位；前期的低点位则是支撑位。

5. 密集交易区形成的支撑位与阻力位

交易密集区的价位，若是在股价上方，则是阻力位，股价反弹时会受到抛压影响；若是在股价下方，则是支撑位。

6. 开盘价

如果当日开盘后股价走低，因竞价时在开盘价处积累了大量卖盘，因此将来再反弹回开盘价时会遇到明显的阻力；而如果在开盘后走高，则在回落至开盘价处时，因买盘沉淀较多，支撑便较强。

7. 前日收盘价

如果当日开盘价低于前日收盘价，那么股价在向上爬升的过程中会在此遇到阻力。因为在经过一夜思考之后，买卖双方对前日收盘价达成了共识，当日开盘时会有大量投资者在以前的收盘价位处参与竞价交易，如果低开，表明卖意甚浓。在反弹过程中，一方面会随时遭到新抛盘的打击；另一方面在接近前日收盘价时，早晨积累的卖盘会发生作用，使得多头轻易越不过这道关卡。价格从高处回落，在前日收盘价处的支撑也较强。

六、现手和总手数

在股市中，最小的交易量是 1 手，即 100 股，而一只股票最近的一笔成交量称之为现手。

例如，甲下单 7 元买维维股份 1000 股，乙下单 7.10 元卖维维股份 700 股，此时不会成交。因为 7 元是买入价，但卖出价是 7.10 元。这时，若丙下单 7.10 元买进 500 股，那么，乙手中的 700 股就卖出了 500 股，这 500 股就是现手，显示为 5，颜色为红色。

还是上面的情况，若丁下单 7 元卖了 300 股，于是甲和丁就成交了，这时候成交价是 7 元，由于丁只卖 300 股，甲买了 300 股，所以成交的手数就是 300 股，现手是 3，颜色是绿色。

在盘面的右下方是即时的每笔成交明细，红色向上的箭头代表以卖出价成交的每笔手数，绿色箭头代表以买入价成交的每笔手数。

总手就是当日开始成交一直到现在为止的总成交手数。有时总手数是比股价更重要的指标。收盘时的"总手"表示当日成交的总数，如"总手 3 260 000"出现在收盘时，就说明当日该股一共成交了 3 260 000 手，即 326 000 000 股。

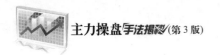

七、关注换手率

换手率是在一定时间内市场中股票转手买卖的频率,也是反映股票流通性强弱的指标之一。

换手率的计算公式为:

换手率=某一段时期内的成交量÷流通总股数×100%

换手率高,说明该股买卖的人多,容易上涨。换手率属于成交量里的一个细分种类,在技术分析中起着至关重要的作用。它表述的是成交量与流通股的比值,其市场意义是个股的可流通股有多少参与了某个时间段内的买卖交易,并以比例的数值表示出来。比值越高,其换手率越大,表明交易越活跃,人气旺,参与者众多;反之,比值越低,其换手率越小,表明交易清淡,观望者众多。但值得注意的是,换手率较高的股票,往往也是短线资金追逐的对象,投机性较强,股价起伏较大,风险也相对较大。

通过将换手率与股价走势相结合,可以对未来的股价做出一定的预测和判断。如果某只股票的换手率突然上升,且成交量放大,则可能是有投资者在大量买进,股价可能会随之上涨。若某只股票持续上涨了一段时间后,换手率又迅速上升,则可能是一些获利者要套现,股价有可能会下跌。

在实战过程中,根据换手率对操作的具体指导作用,可以把换手率分为以下三类。

1. 逆转换手率

当一只股票的日换手率超过了10%时,并且市场成交异常火爆,人气极度狂热或悲观,则表明行情即将逆转。

2. 加速换手率

若日换手率在1%~10%之间,往往说明该股的交易市场比较活跃、买卖盘积极,将按照原来的趋势继续加速发展。若发生在下跌行情中,则表明下跌行情将加速,需要先行卖出;若发生在刚刚上涨行情初期,则表明股价将加速上涨,应该立即追进。当一只股票的日换手率超过1%时,新股民就要引起注意了,一旦日换手率超过2%达到3%左右时,投资者就可以放心买入了,3%左右的日换手率往往是短线拉升的必备条件,达不到这一换手率的上涨属于无量反弹,行情难以持续,宜卖不宜买;达到或超过这一换手率的上涨属于行情刚刚启动,短线将继续强势上涨,宜买不宜卖。

3. 观望换手率

若某只股票的日换手率低于 1%，表明该股的市场交易情况非常低迷，未来的涨跌情况很不乐观，新股民不要轻易介入，最好是出场观望。这种情况往往发生在下跌末期或筑底阶段，很少发生在顶部。

对于高换手率的出现，其出现的相对位置是我们应该区分的。若此前个股出现放量是在成交量长时间低迷后，且较高的换手率能够维持几个交易日，则一般可以看作新增资金介入较为明显的一种迹象，这时的高换手率的可信度比较高。此类个股未来有相对较大的上涨空间，同时也很有可能成为强势股。若个股是在相对高位突然出现高换手率而成交量突然放大，这很有可能是下跌的预兆。出现这种情况时，多伴随有个股或大盘的利好出台，此时，已经获利的筹码会借机出局，顺利完成派发，"利好出尽是利空"的情况就是在这种情形下出现的，新股民应该谨慎对待这种高换手率。

事实上，无论换手率过高还是过低，只要前期的累计涨幅过大都应该小心对待。从历史观察来看，如果单日换手率超过 10%，那么个股进入短期调整的概率偏大，尤其是当连续数个交易日的换手率超过 7%时，则投资者更要多加小心。

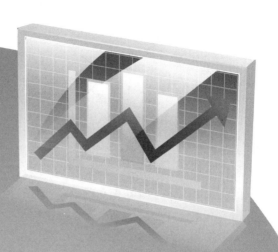

第三章

从盘口细节洞察主力

对于热衷于短线和中线操作的投资者来讲,盘口的一些细节问题是必须注意的。通过这些细节的变化,我们往往可以在一定程度上对主力的意图进行判断,从而做出正确的操作决策。本章我们就对买卖盘、换手率、成交量等细节进行解读。

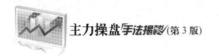

第一节 从买卖盘委托单观察主力动向

一、大单压盘

大单压盘又称"上压板"，简单来说，就是利用大笔的资金将股价压制在一个较低的位置，以便于其在低位吸筹，降低自身的买入成本。

若主力真要出货，往往不会挂在报价栏里，即使只有部分大卖单成交了，他也会马上撤掉剩余的挂单，然后重新按照现有的买单申报。在盘口挂上大量的卖单，只能使其他投资者以更低的价格赶紧成交而轮不到挂单者。上压板的真正用意就是迫使散户交出筹码或阻止股价暂时上升。一般来说，上压板可分为两种，即"只压不托"和"大压小托"。

当股价处于刚启动不久的中低价区时，若出现了上压板而股价却不跌反涨，则说明主力压盘吸货的可能性较大，这种现象往往预示着股价要上涨，而当投资者发现上压板被撤掉或被大口吃掉时，就可以考虑跟进了。

当股价有一定的上涨幅度后，而且此时的上压板较多且上涨无量，则意味着主力想迫使获利盘看到股价受压制而快速出局；同时也想看看这些压单有没有人会买，若是有，是散户在买还是大户在买；顺便看看有没有人跟着抛，若是有，是散户在抛还是大户在抛。通过这种试盘动作后，主力可以弄清市场状况并对操作思路及时做出调整。

1. 只压不托

图 3-1 中体现的是典型的"只压不托"行为。从左边部分可以看出，主力的卖单躲在最后，不希望被吃掉；中间部分体现了已经逼出了部分筹码；右边部分则属于一面倒的逼多行为。"只压不托"往往体现着主力在短时期内打压股价的意图，但要注意其打压的时间和空间问题。打压不是出货，只是欲涨先跌的一种策略，它反映了主力刻意做空的用意。如果投资者遇见这样的状况，做短线的要避其锋芒，做中长线的则可以持股不动，静待主力洗盘完毕。

2. 大压小托

某一时期个股报价栏的上档处都是大卖单，下档处都是小买单，但是第一买盘或第二买盘处却有大接单，而且在一段时间内这张大单一直存在，即使是该单不断被卖盘冲减，但马上又会被后来的新买单替补上。我们看到的这种现象叫作"大压小托"，也是一种反常现象。若卖压真的那么大，买一或买二处的买单应该早就被吃掉了，但它们却一直存在，这说明其实没有什么大单子想要卖，反而是主力一边打压、一边吸筹的表现，如图 3-2 所示。

000032 深桑达A			
委比	-69.25%	委差	-1243
卖五	15.91		5
卖四	15.90		191
卖三	15.88		1
卖二	15.85		184
卖一	15.84		1138
买一	15.77		92
买二	15.75		55
买三	15.74		6
买四	15.70		85
买五	15.65		38
现价	15.77	今开	16.46
涨跌	-0.69	最高	16.63
涨幅	-4.19%	最低	15.77
总量	18827	量比	1.14
外盘	7083	内盘	11744
换手	0.46%	股本	11.4亿
净资	4.35	流通	4.11亿
收益(三)	0.010	PE(动)	1322.0

000038 深大通			
委比	-87.30%	委差	-1828
卖五	8.75		1473
卖四	8.74		106
卖三	8.73		281
卖二	8.72		99
卖一	8.71		2
买一	8.70		13
买二	8.65		54
买三	8.62		33
买四	8.61		12
买五	8.60		21
现价	8.71	今开	8.62
涨跌	-0.02	最高	8.71
涨幅	-0.23%	最低	8.51
总量	20767	量比	0.99
外盘	8640	内盘	12127
换手	0.87%	股本	5.23亿
净资	4.88	流通	2.38亿
收益(三)	-0.640	PE(动)	-

图 3-1　只压不托

300528 幸福蓝海			
委比	-57.04%	委差	-2533
卖五	7.33		14
卖四	7.32		3149
卖三	7.31		290
卖二	7.30		33
卖一	7.29		1
买一	7.27		645
买二	7.26		82
买三	7.25		115
买四	7.24		5
买五	7.23		107
现价	7.27	今开	7.63
涨跌	-0.35	最高	7.85
涨幅	-4.59%	最低	7.27
总量	198479	量比	1.06
外盘	88627	内盘	109852
换手	5.33%	股本	3.73亿
净资	1.55	流通	3.73亿
收益(四)	-0.457	PE(动)	-

R 300128 锦富技术			
委比	-56.87%	委差	-8582
卖五	3.13		1506
卖四	3.12		5928
卖三	3.11		1016
卖二	3.10		2373
卖一	3.09		1013
买一	3.08		1042
买二	3.07		488
买三	3.06		204
买四	3.05		600
买五	3.04		920
现价	3.09	今开	3.14
涨跌	-0.08	最高	3.17
涨幅	-2.52%	最低	3.04
总量	110562	量比	1.58
外盘	46252	内盘	64310
换手	1.01%	股本	10.9亿
净资	0.80	流通	10.9亿
收益(四)	-0.316	PE(动)	-

图 3-2　大压小托

“大压小托”往往体现着主力打压吸筹的策略。例如，当股价处于较低的时候，主力往往就会将巨量抛单挂在卖二、卖三处，让投资者感觉抛压很大，因此抢在买一的价位或挂在卖一的价位将股票卖出，而这时，主力则早已在买一处挂上买盘或直接向上吃进；当筹码吸纳充足或主力认为这样的行为已无法继续获得筹码时，就会突然撤掉巨量抛单，通过拉升股价的方式来吃掉上面积累的卖单。

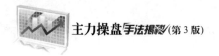

二、大单托盘

在报价栏里出现大量买单、少量卖单的现象,俗称"下托板",其目的是迫使散户抢单或阻止股价下跌。

若主力真的看好该股,通常会朝现有的卖单直接申报,甚至直接照卖二、卖三的价位申报,很难在盘面上出现有大量委买单的现象。委买单越多,只会迫使其他投资者以更高的价格买入,而挂在盘口的买单是无法很快成交的。

当股价处于明显的上升趋势时,如果主动性买盘较多且盘中出现了下托板,则往往预示主力积极做多的意图,投资者可以考虑逢低介入;当股价涨幅已大且处于高价区时,如果盘中出现了下托盘,此时投资者要注意主力是否在诱多出货。通常是看下面的托单是否在频繁更换,如果是,说明主力在不断撤掉自己的单子而把其他投资者的单子推在前面,然后用自己的卖单来成交。这往往是不祥之兆,一旦大托单被撤销或被吃掉,投资者就要考虑避避风头了。一般来说,下托板可分为两种,即"只托不压"和"大托小压"。

1. 只托不压

图 3-3 体现的是典型的"只托不压"行为。左边部分意味着主力的买单躲在最后,不希望被成交;中间部分则是带有双保险性质的托盘行为;右边部分则属于一面倒的逼空行为。"只托不压"往往体现着主力护盘的意图,不但要考虑其是否能一直护盘成功,同时还要考虑其是否真想护盘。只有进攻才是最好的防守,但无论如何,护盘都是主力没有实力、信心不足或虚晃一枪的表现,否则就应该直接推升股价了。

R 000040 东旭蓝天			R 600308 华泰股份		
委比	72.22% 委差	12594	委比	88.80% 委差	9672
卖五	3.05	506	卖五	5.27	39
卖四	3.04	477	卖四	5.26	160
卖三	3.03	443	卖三	5.25	145
卖二	3.02	691	卖二	5.24	81
卖一	3.01	305	卖一	5.23	185
买一	3.00	352	买一	5.22	4487
买二	2.99	3685	买二	5.21	2297
买三	2.98	4607	买三	5.20	2866
买四	2.97	2420	买四	5.19	399
买五	2.96	3952	买五	5.18	233
现价	3.00 今开	3.14	现价	5.23 今开	5.45
涨跌	-0.15 最高	3.14	涨跌	-0.21 最高	5.47
涨幅	-4.76% 最低	2.98	涨幅	-3.86% 最低	5.22
总量	179426 量比	1.40	总量	186929 量比	1.28
外盘	65244 内盘	114182	外盘	52518 内盘	134411
换手	1.69% 股本	14.9亿	换手	1.60% 股本	11.7亿
净资	8.07 流通	10.6亿	净资	7.99 流通	11.7亿
收益(三)	-0.120 PE(动)	—	收益(四)	0.690 PE(动)	7.6

图 3-3 只托不压

2. 大托小压

某一时期个股报价栏的上档处都是小卖单，下档处都是大买单，但是第一卖盘或第二卖盘处却是一档大卖单，而且即使是该卖单不断被买盘冲减，但马上又会被后来的新卖单替补上。我们经常看到的这种现象就叫作"大托小压"，也是一种反常现象。因为若买方真的很强势，卖一或卖二处的卖单早就应该被吃掉了，但它们却一直存在。这意味着主力正在以假托的现象来促使市场其他投资者吃进自己的卖单，这是减仓的表现，如图3-4所示。

图3-4 大托小压

"大托小压"往往体现着主力托盘减仓的策略。在利用下托板来减仓的时候，通常是股价上升到较高位置的时候，主力此时往往会在买二、买三处挂有巨量买单，使投资者认为上涨行情还要延续，从而以卖一价格买入股票或抢在买一处挂出买单，而此时的主力则在悄然出货；待手中的筹码出得差不多的时候，主力往往就会突然撤掉巨量买单，并照着下面积累的买盘开始全线抛空，导致股价迅速下跌。

总体来说，主力意图操纵股价的行为是上压板和下托板出现的目的，常常还伴有撤单的现象。但是，当上压板中只有一笔大单且无撤单现象时，可能只是某些大户主动止盈的体现，当其一步步被市场消灭而股价并无急剧变动时，常常就属于这种情况。

投资者在实战中，具体情况具体分析，比如，股价是高位还是低位、大盘情况如何、市场氛围适宜做多还是做空，应多从主力的角度思考问题来寻求答案。但无论是大买单还是大卖单，都是主力有所图而为之的。

三、夹板的意义

有时候，主力为了让股价按计划在一个狭小的幅度空间里进行震荡，就会在买、卖盘处分别放上一笔大单，这种上、下都有大单相夹的现象叫作"夹板"。图 3-5 所示为一个夹板的挂单，它迫使股价在 58.4～58.5 元波动。

上压单压抑着股价上涨，下托单防止股价下跌，这就是夹板的用意，这种挂单现象经常在主力进行洗盘的时候出现。主力为了达到洗盘的目的，就会通过上、下两个大单，牢牢地将股价控制在一个较小的区间内震荡，若买入者没有耐心就会选择离场，而持股者则会抛出手中的股票。

但是，如果夹板出现在股价的高位区间，则往往意味着主力以此来控制股价波动，为后续的出货操作奠定基础。当投资者以为股价比较稳定，又有主力护盘的时候，实际上主力正在暗中小单出货，一旦主力失去耐心或见势不好，往往就会突然撤掉大买单，开始往下砸盘。所以，投资者要随时注意下托板消失的情况，如果瞬间打掉下托板，说明主力开始主动打破这种人为的平衡，选择运行方向的时候到了。

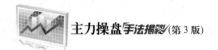

图 3-5 夹板

四、撤单的意义

在某个价位上挂出买卖的单子，还没等成交就主动取消买卖指令，这就叫作撤单。在实战交易中，撤单的情况比比皆是，而有的是散户自发的撤单，属于正常交易的范畴；有的则是主力刻意撤单，属于虚假申报的范畴。我们要注意观察的是通过分析主力撤单的情况和原因，来判断主力所处的阶段。

处于清仓出货阶段的主力资金，要想在高位成功出货，就必须在盘面上烘托出"没有最高只有更高"的美好场景和氛围，来诱导投资者追涨买入；同时也告诫持股者锁定筹码，等待上涨。通常在股价涨得非常高的情况下，在买盘上挂出大量买单，似乎大批资金正准备蜂拥入场，于是很多投资者感到似乎涨停就在眼前，跟风抢盘买入，主力资金却趁机大量抛出筹码。买盘上的那些大买单，也在时刻变动,撤掉一部分,让市场买单先成交,然后再度挂上,等市场买单跟风进入后再度撤单。同时,为防止市场上大抛单趁机卖出,主力也会适时地撤掉一些大买单。

处于建仓吸筹阶段的主力资金,要想在底部尽可能多地吸纳筹码,必须在盘面上营造一些紧张气氛,用来吓退想买入的投资者,同时促使持股者尽快抛出。通常在股价已经跌得很低的情况下,在卖盘上挂出大量的卖单,似乎有很多筹码都在排队等待出货,给投资者造成巨大的恐慌,于是很多投资者不计价位地抛出手中的廉价筹码,却被主力资金通吃。投资者如果注意观察卖盘上挂的大卖单,就会发现这些大卖单并不是纹丝不动地挂在那里的。主力时常会为了让那些排在后面的市场自然抛单能够成交,同时也为了防止其他大机构趁机抢筹,而主动撤掉全部或部分大卖单。

五、急涨急跌的意义

个股盘中的急涨急跌,是盘中突发性行为,往往会致使股价在几分钟内的涨跌幅达到3%以上,这和主力的运作是分不开的。如图3-6和图3-7所示,投资者可从大局着手,先确定个股主力大致所处的行为阶段,比如,是建仓阶段还是出货阶段等,然后判断主力的相对意图,就容易得多。因此,处于不同阶段的主力行为表面上看好像没有区别,但目的和意图却与其行为大相径庭。

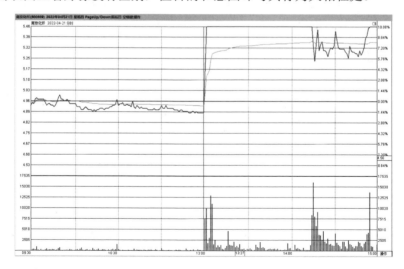

图3-6 急涨

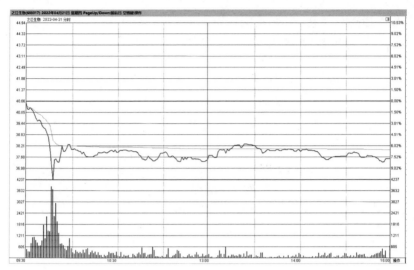

图 3-7　急跌

个股盘中突然直线上涨或者直线下跌，其具体情形比较复杂。这里我们就常规的情况进行简单分析。

(1) 主力的试盘行为：其特征往往是急涨急跌携手而来，瞬间变化如过山车。

(2) 主力的洗筹行为：制造紧张盘面，引诱恐慌盘出局。

(3) 主力的诱多行为：吸引跟风盘，为逐步减仓做准备。

(4) 大资金之间的博弈行为：个股盘中有两个及以上的机构，因互相争夺主力位置而展开厮杀。

根据实战中的具体情形，投资者可综合盘面上的其他因素仔细揣摩。

第二节　从换手率分析主力思维

换手率往往体现了一只股票的活跃程度。交易活跃的股票，资金关注度较高，换手率就会很高，而一些冷门股的换手率则会很低。下面我们来了解如何对换手率进行分析。

一、什么是换手率

换手率又称为周转率，是指在某一特定时间内，某只股票的成交量与其总流通盘的比值。在 K 线走势图中，将光标放在某天的 K 线上，我们就可以看出当天的换手率，而在交易信息栏则可以看到交易当天的即时换手率，如图 3-8 所示。

第三章　从盘口细节洞察主力

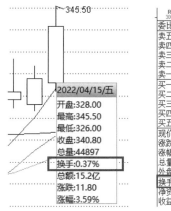

图 3-8　换手率

换手率指标意味着在一个既定时期内的股票换手量，同时也反映了该段时期内的股票流通性问题。通常情况下，个股换手率越高，意味着该股多、空双方换手越积极，股性越活跃；个股换手率越低，则表示该股股性越呆滞，缺乏市场追捧。

通过分析各种股票的换手率，投资者可以择强弃弱，抓住市场热门股，紧跟市场主流热点，以获取阶段性的投资收益；同时也可以在市场顶部察觉主力出货的程度以及市场跟风的意愿。

例如，个股 5 日换手率达到 100%，意味着该股非常活跃，投资者进出非常频繁。可能 5 日内所有的持股者均换了新人，也可能有部分持股者一直未动，而另外一部分持股者则出现了多次交换的情况。所以在看待换手率这个指标的时候，投资者必须清醒地认识到，即使个股换手率在短期内达到了 200%，也仍然有部分持股者没有抛售，而重仓的主力也往往无法顺利出局。这里面有很大的"水分"来自短线投资者的热炒，正是由于他们频繁地进出而导致股票的换手率高居不下。

二、换手率的分析

对换手率的分析是各线投资者必须具备的技能，无论是日换手率、周换手率，还是月换手率，基本上都可以分为五种类型。下面我们主要讲解日换手率和周换手率的五种类型。

1. 日换手率分析

股票的当日成交情况，按照单日换手率的不同，可以分为五种类型，即低迷状态、正常状态、活跃状态、高活跃状态、异常活跃状态。需要注意的是，在大盘处于高潮、低潮、平稳的不同时期，这五种类型的换手率大小会有不同程度的差异。

1) 低迷状态

一般而言，当个股的成交量一直以来都很小时，表明该股可能是冷门品种，或者没有主力介入，同时该股的流动性较差。当个股的日换手率低于1%时，说明该股的市场换手不充分，交易清淡，股价短期内将保持原有的趋势运行。

2) 正常状态

如果个股的日换手率处于 1%～3%之间，则说明该股的多空双方略有意见分歧，但这属于正常的换手状态，股价将按照原有的趋势继续运行。一般来说，市场上大部分股票的日换手率都不会低于 1%，除非大盘处于极度低迷时期。

3) 活跃状态

如果个股的日换手率处于 3%～7%之间，则说明该股多空双方的意见分歧比较大，但多空双方谁的力量更大就决定了股价短期内是朝上走还是朝下走。当这样的换手率出现时，常常意味着主力开始现身，若此时股价从低处开始走高，那么该股值得投资者重点关注。

4) 高活跃状态

当个股的日换手率处于 7%～15%之间，说明该股备受市场关注，属于主力显现实力的时期。在热门股或强势股中一般会出现这种状况，它意味着该股处于高度活跃的状态，但也说明多空双方的意见分歧很大。高活跃状态的个股也值得投资者重点关注，但它通常意味着主力可能在进行对敲动作，或意味着某方能量消耗太多而致使行情发生变化。

5) 异常活跃状态

当个股的日换手率超过 15%时，表明个股处于异常活跃的状态。一方面说明该股有主力在强势运作，另一方面也说明该股多空双方意见分歧巨大。当个股需要突破重要阻力位时，就可能会出现这样的换手率；若在个股顶部出现这样的换手率，则往往是不祥的预兆，它预示着市场到了投机狂热的阶段或主力正在对敲做量。此外，新股首日上市时，由于没有涨/跌停板的限制，投机性很强，所以个股往往会有50%～90%的换手率，但这样的换手率越充分越好，因为这说明有主力在抢筹码。

通常情况下，单日换手率处于 3%～7%的个股上扬时，是值得未进场投资者重点关注的；而 10%以上的换手率，则是持股者需要小心对待的。拥有过低或过高换手率的个股，投资者最好视而不见，专心在活跃的股票里寻找较为安全的交易机会。需要说明的是，对于一些高位横盘或已经崩盘的长庄股，不适用上述分析方法。

2. 周换手率分析

与单日换手率的分析一样，周成交状况也可以按换手率的大小分为五种类型：低迷状态、正常状态、活跃状态、高活跃状态、异常活跃状态。通常，将单日换手率的五种状态值分别乘以 5，即可得出下述结论。

(1) 低迷状态，个股单周换手率低于 5%。
(2) 正常状态，个股单周换手率处于 5%～15%。
(3) 活跃状态，个股单周换手率处于 15%～30%。
(4) 高活跃状态，个股单周换手率处于 30%～50%。
(5) 异常活跃状态，个股单周换手率超过 50%。

当单周换手率处于 40%以上时，持股者就要小心对待；而当换手率处于 15%～30%时，未进场的投资者就要重点关注。

三、导致换手率较高的原因

股票的换手率越高，意味着该股票的交投越活跃。具体来说，换手率高的原因主要有以下几种。

(1) 股票流通性好，进出市场比较容易，不会出现想买买不到、想卖卖不出的现象，具有较强的变现能力。

(2) 受到了短线资金的热捧，这类个股投机性较强，股价起伏较大，风险也相对较大。

(3) 可能是有投资者在大量买进，但如果某只股票持续上涨了一段时期后，换手率又迅速上升，则意味着可能有一些获利者要套现，股价可能会下跌。

(4) 新股上市初期，股票交投活跃。新股上市之初换手率高是很自然的事情，然而随着市场的变化，新股上市后高开低走现象也屡见不鲜，所以不能说换手率高股价就一定会上涨。

第三节　从成交量分析主力行为

在股市的各种经典理论中，我们经常可以看到"先有量后有价"的言论，相当多的技术指标也把成交量作为统计的原始数据，可见成交量的重要性。下面我们来了解几种常见的成交量形态，并借此分析主力的行为。

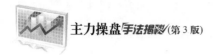

一、平开放量上冲

平开放量上冲是指个股在平开后 15～30 分钟的早盘里，其成交量超过了平常一天的成交量，且股价快速上涨。若大盘因为某种原因在开盘后随即开始高涨，那么个股同步出现平开放量上冲则属于正常现象；若大盘在开盘后比较平稳甚至出现下挫，那么个股的这种状况就属于非正常现象了。即使是个股出现了利好消息，也应该是高开而不是平开，所以这种异常行为值得研究。

一般来说，平开放量上冲往往存在着两种原因：一种是主力开始有所动作，这可能是其真实的稳步上推的行为，也可能是其虚假的做成交量的行为，但往往不会是吸筹的行为，因为这样的吸筹动作太明显且成本太高；另一种是个股将有利好消息发布，所以内部人员开始抢单，但这样的买量不会巨大，个股后续涨势也不会持续。若是做成交量以吸引市场眼球，那么主力常常会将成交量对倒到日常交易量的数倍，而此时的股价往往是在阶段性的高位，所以后市或后半场该股走势可能马上就会急转而下；若是稳步上推的行为，主力的目的就是给出足够的时间，让市场跟风者替换掉前期不稳定的获利者，以大换手率来稳步推高股价。当然，当抛盘太多而跟风盘承接不住时，后半场的股价往往就会出现下跌。

如果投资者判断出主力是在对倒做量，那么就应该知道其用意往往会有以下两种。

1. 希望跟风盘活跃，但不愿意增加筹码

因为前期大多数筹码已被主力获得，此时市面上的浮动筹码很少，即使有少量的抛盘，主力也会照单全收。只有当股价远离主力的成本区时，主力才会希望散户来"抬轿子"，但此时股价已高，主力只有通过对倒来制造成交活跃的假象，以吸引市场跟风者进入。此时主力对倒做量的目的，是希望散户进来买掉前期其他散户的获利盘，以提高市场的整体持筹成本，方便后期继续拉升股价。所以，在正常情况下，主力在建完仓后进入拉升期时，往往是不会采用对倒的手法的。

2. 希望减少抛盘涌出，以维持股价

通常而言，在股价上涨的时候，投资者都希望自己手中的股票能卖个好价钱，特别是那些长期套牢盘，所以原先准备抛出的筹码会暂且搁置。这样，当主力通过对倒做股价上涨的成交量时，只要不是股价急涨太多或处于关键的阻力位，抛盘的压力就会减轻。但主力又害怕增加筹码，所以就会选择在开盘的时候进行运作，因为此时的市场投资者都在观望，抛盘还不会立即涌现出来，等其一旦涌现

出来时，正好由后面的跟风盘来承接。

主力通过对倒来减少抛盘以维持股价，同时吸引跟风者来交换获利者，以提高市场的持仓成本。有时候，上述两种用意其实就是这一个意思。

总体来说，平开放量上冲是主力不需要筹码的体现，有一定的短线机会，但介入的投资者需要注意大盘的环境以及股价的位置。

二、底部放量三态

由于长时间套牢，这部分投资者已经麻木，几乎没有售卖的欲望，所以，股价在底部是不会有大成交量的。失去了卖方的供应量，即使买方很强势也不会得到太多的筹码；相反，股价涨得越快，持股者就越惜售。所以，除非个股有基本面上的巨大变化或大盘出现了暴跌而部分主力极力看好(即使有个别机构忍无可忍地在股价底部进行了抛售，个股也不可能在此时出现集体抛售的行为)，否则底部放量在正常情况下是不可能出现的。

在排除了个股有基本面上的巨大变化或大盘出现暴跌的因素后，若个股仍然在底部出现了大成交量的行为，那么这往往属于不正常的行为，而且是主力刻意营造的结果。股价的运行只会有上涨、下跌、盘整这三种趋势，底部放量时的股价走势也不例外，只是这时的三种趋势往往是主力预谋的结果，而不是市场的自然选择。

1. 底部放量上涨

底部放置上涨往往是主力对倒放量的结果，此时主力正在讲述"放量会涨"的故事。主力吸引投资者购买低价筹码，在底部制造放量的原因有两个。

(1) 主力属于超级短线的游资，不希望继续增加筹码，但又希望在有了一定的底部筹码后有人共同参与。

(2) 尾货没处理完的主力急于抽身，于是以对倒做量的方式来吸引市场跟风，但这也意味着此处并不是股价的底部。

无论是游资进场还是主力处理尾货，此时的股价往往处在半山腰，所以投资者只能从成交量上获得一些股价后期走势的答案，在起初是无法得知操作者身份的。若当时的成交量不是很大，说明市场的抛售压力还能够被买盘承接得住，后市股价可能还会继续上涨；若当时的成交量很大，则主力对倒出货的可能性比较大，后市股价可能会退回原地。这里的卖量除了主力占有 1/3 之外，另外 2/3 则属于被套者的割肉盘和抢反弹者的短线抛单，所以要考虑成交量是否放得很大。抢反弹者的特点是宜早不宜迟，往往是股价刚刚止跌时他们就会立即买进，若几天内股价不上涨，他们就会立刻把筹码还给市场。

需要注意的是，这里的放量是指不正常的特大量，如换手率达到了10%。当主力在底部启动行情时，为了消灭浮筹而采用的缓推式大阳线也会产生大量，但还不至于出现不可思议的大量，除非是大阳线碰到了某个关键的阻力位，或是当日有配送股或限售股上市。至于何谓正常的大量、何谓不正常的大量，就需要投资者的经验进行判断了。

2. 底部放量下跌

大盘状况不好、公司业绩下降、个股题材透支等，会使股价从高位跌到底部。在这些利空的环境里，即使通过底部放量这些小动作，主力也很难减掉较多的仓位全身而退，而最终的结果则往往是账面亏损继续增加，交易佣金不断支付。

既然如此，那么主力仍然在底部制造放量下跌现象的原因是什么呢？主要有以下三点。

(1) 主力在进行最后的打压动作，即主力为了实施打压式建仓，通过一些利空消息，制造带量的破位图形，迫使最后的卖单涌出，自己则全盘接纳。若股票在带量急速下跌后，几天之内又能回到原价位，那么多半就属于这种原因。

(2) 主力在强行出货。这往往是主力资金链断裂的后果，或是个股基本面出现了极度恶劣的情形。有时候，主力会在出货前将股价向上做个拉升的"试盘"动作，若市场买盘比较多，主力就会"先养再杀"；若市场买盘比较少，主力则往往会直接"杀鸡取卵"，这种情况会导致盘面出现数日或数十日的暴跌，最后个股常常跌得面目全非，而主力则是能捡回多少资金就捡多少，其目的就是为了能卖一个好的价位。

(3) 换人坐庄。有时候，主力会寻找新的买家介入，因为他知道自己已经无法从市场上全身而退了，而一旦找到新的买家，他们就会约定在盘中交换筹码。但由于新买家常常会要求以更低的价格接盘，于是主力就会先将股价砸下来后再与新买家交换筹码。但这种情况一般会使个股下跌的幅度在两个跌停板之内，而不会导致盘面出现连续暴跌的情形。一旦新庄家入驻之后，该股股价往往还会继续下跌，迫使尚存的浮动筹码涌出。

3. 底部放量盘整

个股在底部放量时却出现了价格盘整的现象，这可能是由以下三种原因导致的。

1) 主力护盘

若同期大盘持续下跌而个股却出现了盘整的行情，那么多数是由于有主力在其中护盘，而且主力还必须承接大量的抛盘，因此个股就会出现放量的盘整现象。但投资者必须提高警惕,因为护盘的主力不见得都有护盘的决心和实力。

2) 主力分仓

有时候,主力会用几个账户进行交易,因而需要将筹码进行分仓,于是就会出现几次特大单的成交行为,一旦分仓过程结束,股价就会继续盘整。分仓的特点是盘中多次出现大单成交的现象,但却没有致使股价高涨或急跌,股价震荡的幅度也不大(对敲则是一个阶段性的持续行为,且带有明显的拉升或打压股价的目的)。

3) 交换主力

若个股几日内的成交量非常大,那么也有可能是新、老主力在交换筹码。该行为的特点同分仓的特点类似,但是成交量和大笔成交的频率远高于分仓时的频率。一旦新老主力交换之后,新主力往往还会在市场上继续收集筹码或进行打压震仓的动作。

三、底部无量涨停

一般而言,由于没有大量的卖单出现或没有大量的买单进场,个股在底部区间是没有大成交量的。若有大成交量,无论是真是假,此处往往不会是真正的股价底部。至于什么时候是股价的底部,通常是主力说了算。如果主力不出手,股票就一直不会有底部,这与成交量没有必然的联系;而当主力出手的时候,市场底部就会因主力的抢购动作而出现。当然,主力也是投资者,他也需要通过不断地试探市场的动作,来感知市场的温度。但散户在真正的市场底部是很难买到大量筹码的,因为主力是不会把低廉而优质的筹码给普通投资者的,这时往往就会出现"底部无量涨停"。

通常,底部无量涨停包括以下两种。

1. 下跌放量,底部大量,涨停无量

这种情况通常是股价从高位拦腰折断之后的结果。

1) 下跌放量

在个股前期急剧下跌的过程中,往往会造成成交量过大,这可能是因为主力在悄悄减仓,也可能是其抵押在外的筹码开始出货,还可能是老鼠仓(和主力一同建仓的内部个人资金)开始出逃。一直期望该股出现回调的散户往往会蜂拥而至,导致成交量放大,这是由于股票下跌不是以开盘跌停的方式出现的。

2) 底部大量

往往由于个股暴跌后出现大量的短线客哄抢(当然也有主力对倒的原因),使得当个股急跌到阶段性底部后,会出现比在下跌过程大得多的成交量。若个股在

底部连续几日爆发大量，那么往往是新主力开始介入的表现。但新主力不一定就是强庄或长庄，也有可能是游资性质的超级短庄，往往只在2～5天内做一波行情就走；若大盘情况较好，其坐庄的时间就会长一些，但通常不会超过半个月。当然，也有游资被陷进去后被迫成为长庄的。

3) 涨停无量

从"下跌放量"到"底部大量"是一个连贯的过程，但从"底部大量"到"涨停无量"却有一个洗盘的过程。若新主力不是超级短庄，那么这个洗盘的过程可能会很长，目的是洗去和其一同建仓的跟风盘，而洗盘的方式则是通过参差不齐的下跌动作，一直跌到市场忍无可忍，失去持股的信心。此时的股价往往早已位于主力的成本区之下，当主力实在洗不出浮筹时就会快速拉升股价，使股价迅速回到或远离自己的成本区。在股价拉升的过程中，该洗掉的散户早已不存在了，而意志坚定的投资者则持股待涨，所以此时往往就会出现"涨停无量"的现象。

2. 下跌无量，底部无量，涨停无量

这种情况通常出现在长期下跌之后的个股身上，尤其会出现在上市时间一年以上但又长期下跌的新股身上。

1) 下跌无量

当个股处于长期阴跌走势时，由于多空双方一致看空，在没有大量买方介入的情况下，个股自然会出现"下跌无量"的情形。

2) 底部无量

既然此处是底部，就意味着个股开始止跌了。但由于卖盘不愿意低价供应，所以在没有买家高价求购的情况下，前期被套筹码均不愿意割肉，自然也会出现"底部无量"的情况。

3) 涨停无量

当底部没有抛盘大量供应的时候，只要多方轻易发动攻势，个股就会直奔涨停板，从而现"涨停无量"的局面。在前期下跌无量、底部也无量的过程中，投资者是无法得知是否有主力隐藏其中的，但此时的"涨停无量"却透露了主力的行踪，否则个股不会无故直奔涨停板。若是游资突然介入，往往会缓慢拉升股价，而不会直奔涨停板，否则便不易获得筹码且成本太高。老主力发动"涨停无量"的同时却透露了以下三个信息：一是其想快速脱离低价区；二是其不想让散户在此时介入；三是其不想再增加筹码。可见，一旦出现了"三无量"的情况，往往个股后市还会有几个涨停板，以便快速远离主力的成本区。

新主力借涨停板来建仓，或者老主力在看到吸筹困难而时间不够时，也会使用涨停板来建仓，这就是"涨停无量"的另外一个原因。当股价在底部出现无量

涨停时，市场常常不会立刻出现大量抛盘，但若股价在涨停后又快速回落，大量的抛盘就会开始涌现，而主力的真正目的则是买到这些抛盘。一般来说，虽然主力连拉几根大阳线也可以获得很多筹码，但往往会招致更多散户跟风，而用涨停板来建仓则不会出现这样的情况。主力为了使建仓的底部更安全、更牢固，就会用涨停板建仓，即便这会比用几根大阳线建仓所收集到的筹码少一点。而投资者只能看随后的股价是否会完全回落到涨停板之前的位置，才能判断出是老主力还是新主力在用涨停板建仓。若是完全回落到涨停板之前，则往往是新主力在建仓，因为他还需要低价筹码，而老主力的筹码比较多，其往往不会使股价再度跌回自己的成本区。

第四节　从涨跌速度与振幅分析主力的意图

一、涨跌速度

个股盘中经常出现这种现象，原本走势正常的股票，却在某一时刻突然迅速向上拉升或者打压股价。如果突然出现连续的大单拉升或者打压股价，那么就可以肯定，一定是主力或者游资所为，普通的散户是无法做到这一点的，而涨跌的速度则决定了主力的决心和意图。如果要获取最近的涨跌速度排行，则可以通过综合排名来查看 (输入"80"后按 Enter 键)，如图 3-9 所示。

图 3-9　综合排名

下面以快速拉升为例简要分析主力的意图。通常,主力在快速拉升后会出现以下几种情况。

1. 快速拉升后高位震荡

这种现象如果出现在股价大幅上涨的高位区域,则很有可能是主力在将股价维持在一个区间进行派发;之所以快速拉升,可能是由于主力的一种诱多手段,会给投资者一种继续强势的感觉。而如果是在股价刚启动的过程中,这就可能是主力的一种吸筹手段,先是借大势向上拉升,然后利用高位震荡让一些没有耐心的投资者出局,自己则借机吸筹。图 3-10 所示为古井贡酒某日的分时图,早盘低开后快速站上前日收盘线,短暂回调后向上放量快速拉升,然后在高位震荡运行,结合当时股价的涨跌情况分析,这种现象很可能是由于主力的拉高派发所致。从图 3-11 所示的 K 线图中可以看到,随后股价走出震荡下跌的行情。

2. 快速拉升后回落向下运行

这种现象往往发生在股价上涨的途中,以及大幅上涨后的高位区域或者下跌的途中。发生在上涨途中往往是主力的一种试盘手法,以测试上方的压力;而在上涨后的高位区域或者下跌的途中快速拉升,往往是主力为了制造一种多头气氛或者反弹的假象,以便吸引买盘,然后将筹码倾倒给跟风者。投资者在遇到这类情况时要注意加以区别。

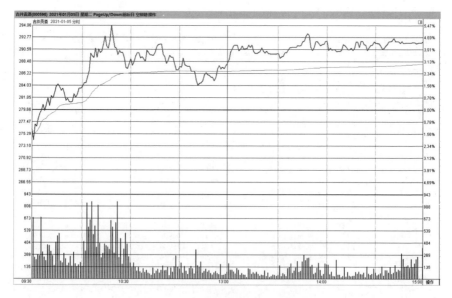

图 3-10　古井贡酒某日的分时图

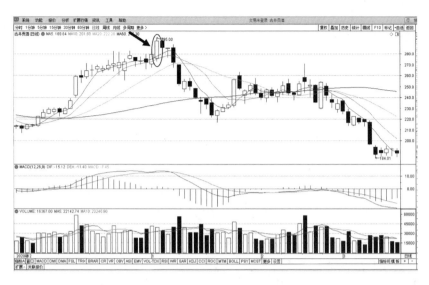

图 3-11 古井贡酒的 K 线图

图 3-12 所示为华金资本某日的分时图,早盘高开后,便在强大的买盘推动下快速向上运行,但紧接着调头向下运行,并很快跌破均线。遇到这种情况,我们要打开其 K 线图进行分析,如图 3-13 所示。从 K 线图中可以看到,股价当时的位置已经有了较大幅度的上涨。在这种情况下,早盘放量拉升不涨停,且很快跌破均线,就不得不考虑主力诱多出货的可能性。因此,这时不应该盲目追高,持有者可以适当地减仓或者清仓。

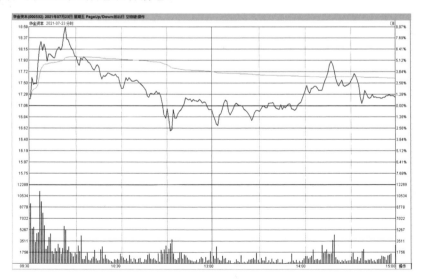

图 3-12 华金资本某日的分时图

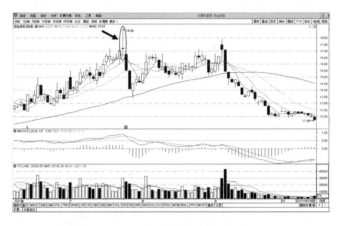

图 3-13　华金资本的 K 线图

3. 直接将股价推至涨停

这种走势表明主力是一气呵成地将股价推至涨停。这样做的目的在不同的位置也应区别看待，但是之所以如此强势，其手中一定还握有大量的筹码。如果是在股价刚启动的初期出现这种走势，投资者则可以继续持股；而如果是在涨幅较大的高位区域出现这种走势，则投资者应该小心主力利用涨停板进行出货，以欺骗散户投资者跟风买入。

图 3-14 所示为中青宝某日的分时图，开盘后大约半小时，主力一气呵成，将股价推至涨停板。从图 3-15 所示的 K 线图中我们可以看到，这一涨停正好使得股价突破了底部整理区域，当天成交量也有着较明显的放大，这种底部的放量涨停，投资者应该予以积极关注。

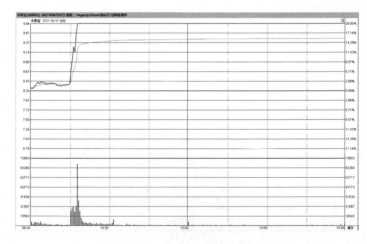

图 3-14　中青宝某日的分时图

图 3-15 中青宝的 K 线图

二、振幅

振幅是指股票开盘后最高价、最低价之差的绝对值与股价的百分比。股票振幅的计算方法如下：

振幅=(当日最高点的价格-当日最低点的价格)÷昨日收盘价×100%

或

振幅=最高点的幅度-最低点的幅度

股票振幅可分为日振幅、周振幅和月振幅等类型。

股价的大幅波动，是由市场资金各方依据各自不同的标准和意愿，进行买进和卖出的博弈行为所造成的。振幅越大，说明股价波动越剧烈，也就意味着市场资金之间的博弈已经进入了白热化的状态。

振幅在一定程度上反映了一只股票的交易活跃度。如果一只股票的振幅较小，说明该股乏人问津、应者寥寥，没有主力或者主力处于蛰伏期；如果一只股票的振幅适中或振幅较大，则说明该股主力正运作其中，股价绝不会停滞不前。

分析振幅较大的股票，有助于选择热门股票和板块。

(1) 振幅较大的股票，如果量比并未出现突增的现象，而且股价涨幅并不太大，则主力震荡洗盘的可能性较大。

(2) 如果股票在相对低位时，振幅和量比同时出现陡增的现象，则主力建仓吸筹的可能性较大，投资者可择机进入。

(3) 如果股价处于巨幅上涨后的高位区域，振幅突然放大(如达到 15%～

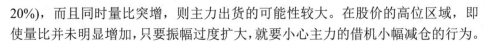

20%），而且同时量比突增，则主力出货的可能性较大。在股价的高位区域，即使量比并未明显增加，只要振幅过度扩大，就要小心主力的借机小幅减仓的行为。

(4) 股价处于成交密集区时，个股的振幅增加，一方面说明抛压较重，另一方面说明买盘也很强劲，多空双方分歧较大，互相之间难以有压倒性优势，暂时处于震荡盘整阶段。此时，投资者应耐心等待局势明朗。

(5) 股票的振幅大，说明有较为活跃的资金正在运作，而对长于短线进出的投资者来说，振幅大、股性活跃的股票才有利可图。投资者在盘中或盘后的分析中，可将振幅榜排名靠前的股票挑选出来，然后根据基本面、技术面等指标进行详细分析，以确定短线出击的对象。

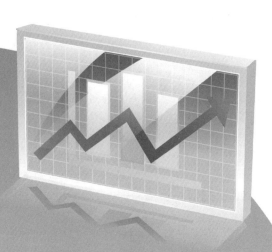

第四章

了解主力的建仓行为

在确定好目标股之后，主力要想进行控盘，首要的任务就是建仓。只有拥有足够的筹码，主力才能在实盘中控制股价的涨跌，"为所欲为"。那么，主力究竟会在何时建仓？又会选择什么样的建仓手法？建仓时盘面会有什么样的变化？本章我们就针对以上问题来做一些简要的分析。

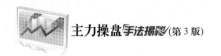

第一节 主力会在何时建仓

主力会选择一定的时机建仓，神不知鬼不觉，尽量不让散户发现，而不是随便在某个价位或者某个时间仓促买入。通常，主力会选择在以下时机建仓。

一、宏观经济好转时

好的建仓时机是以大盘走势为背景环境的，而好的大盘走势往往又来自于稳健上行的宏观经济走势。"股市是经济变化的晴雨表"，当宏观经济节节走低、商品市场一片萧条时，股市也是交投清淡、难有好的表现、好的坐庄时机。一般是当宏观经济运行至低谷而有启动迹象时建仓，此时入庄意味着在日后的操作过程中能得到来自基本面的正面配合，并且能顺应市场大趋势。

在把握宏观经济时，我们可以从关注宏观经济的运行周期和关注具体的宏观经济指标这两个角度着手。

对于宏观经济的运行周期来说，它体现了宏观经济的运行规律及整体走向。一个完整的宏观经济运行周期可以概括地分为收缩与扩张两个阶段。收缩阶段则对应于宏观经济的衰退及萧条期，在这一经济背景下，社会购买能力较低，企业生产出来的产品往往会滞销，企业赢利能力大打折扣，股票市场自然也是一片萧条；扩张阶段对应于宏观经济的复苏与繁荣，在这一经济背景下，我们会看到企业盈利能力较强，市场交投旺盛，商品的供应与需求呈现出产销两旺状态，在这种背景下，股价也会因上市公司盈利能力的不断提高而稳步攀升。而且，更多的闲散资金也愿意参与到这个可以实现资金保值、增值的股票市场中来。对于宏观经济指标来说，它是我们把握当前经济运行情况的重要数据。宏观经济的周期运行规律虽然是一种客观规律，但仅靠对宏观经济运行周期的把握自然无法准确地定位当前正处于经济运行中的哪一阶段。宏观经济指标就如同一扇窗口，透过这扇窗口，我们可以准确地识别出当前的经济运行情况。较为重要的宏观经济指标有国内生产总值、消费者物价指数、利率、财政金融政策等。

1. 国内生产总值

国内生产总值(Gross Domestic Product，GDP)是一个国土面积内的经济情况的度量。一般来说，经济总量的增长越多，其所创造的利润就会越多，这样的经济发展势头自然就越好。

2. 消费者物价指数

消费者物价指数(Consumer Price Index，CPI)是反映与居民生活有关的产品及劳务价格变动的指标，通常作为观察通货膨胀水平的重要指标。一般来说，如果 CPI 值小于 1%，我们称之为通货紧缩；而如果 CPI 值大于 3%，我们称之为通货膨胀；如果 CPI 值大于 5%，我们则称之为严重的通货膨胀。通货紧缩与通货膨胀都不利于经济的发展。若消费者物价指数升幅过大，就表明通胀已经成为经济不稳定因素，中央银行会有紧缩货币政策和财政政策出台的可能，从而造成经济前景不明朗。

3. 利率

利率是指一定时期内利息与本金的比率，是决定利息多少的因素与衡量标准。对于股市来说，利率的高低直接影响着投资者的参与热情。若利率较高的话，将钱存入银行就可以获得较高的无风险收益，但投资者还会有很强的买股意愿，因为一般来说，利率的高低与股市的涨跌呈负相关的关系。利率上调时，对股市走势构成利空；利率下调时，对股市走势构成利好。

4. 财政、金融政策

通常，重大的财政、金融政策直接决定着宏观经济的后期走向。虽然经济发展有其自身的规律，并且这种规律不是某种政策所能改变的，但是，若用合理的政策加以指引，我们还是可以在某种程度上干预其走向的。积极的财政、金融政策，可以使得经济的繁荣阶段持续得更长久，且更突出，从而大大加快经济的发展速度；反之，也可以使得经济的衰退阶段及萧条阶段更短暂，并且显得不那么明显。对于广大投资者来说，往往会因知识贫乏、深度不够而无法判断某一财政、金融政策对经济发展的影响力如何，此时就需要多听听专家的点评，再从中做出判断。

二、个股的价值被严重低估时

从中长期的角度来看，股票价格终究是要与业绩相挂钩。如果能在个股处于价格低估状态时进行建仓，将是一种低风险、高回报的稳妥策略。因为主力建仓这种个股几乎没有坐庄失利的风险。虽然说长线主力并不属于真正的价值投资者，但因为其价值观念已深入人心，只要长线主力在"低估"区间进行建仓，并耐心持股，即使不刻意拉升个股，也会在个股的价值回归过程中实现获利出局，其未来获利出局的概率几乎可以达到百分之百。

在实盘操作中，这是中长线主力最偏爱的一种时机。个股的低估状态既有可能是市场非理性的恐慌性抛售所致，也有可能是大盘下跌带动所致，还有可能是因意外但非实质性的利好消息影响所致。总而言之，无论什么原因，主力往往都会更准确地把握住个股的估值状态，一旦个股出现了明显的低估，则中长线主力多会毫不犹豫地介入。

三、市场热点出现时

市场热点不断转化，且往往会突然出现。当市场热点出现时，短线庄就会在第一时间内挖掘相关的题材股并进行炒作。此时，对于短线主力来说是绝好的建仓时机。一方面，此时建仓的个股是具有热点题材支撑的个股，这为随后的炒作创造了条件；另一方面，这时建仓还可以买在相对低点位。一旦市场追涨盘涌入，则主力将难以完成大量筹码的建仓任务。

四、利好公布前或利空公布后

主力与散户一样，也会结合消息面进行操作，不同的是，主力会更深入地分析消息。若一则重大利好消息使得上市公司出现了质的变化，但其股价却并没有得到市场的合理评估，这时主力往往就会进行建仓；若一则利空消息虽然并没有使上市公司出现质的变化，也不会导致业绩的大幅下降，但是其股价跌幅惨重，这时主力也会借利空消息进行建仓。

第二节　主力建仓的常用手法

由于受操作风格、资金规模、目标股的价位区间等诸多因素的影响，不同的主力所采用的建仓方式也会有所不同。下面我们就来了解几种常见的建仓方式。

一、横盘震荡建仓

横盘震荡建仓，即主力通过频繁买入、卖出股票的手段，引导无主力机构重视的股价进行长期横向整理，严格控制使股价每一天的波动都在一个相对极小的空间内，以此打击散户投资者的持股耐心，从而借机吸筹的一种建仓方式。横盘震荡建仓出现时，在日线图上，多会出现一些带上下影线的阴阳相间小阴小阳线，甚至多次出现十字星，主力竭力把股价压低的意图暴露无遗。

第四章　了解主力的建仓行为

股价在这一段横盘期间，来自上市公司的各类消息基本上一片死寂，散户投资者即使想通过各种渠道去探听信息，也无从着手，持股信心日益降低。对于市场上的散户来说，由于股价长时间在一个平台上整理，没有一点上涨的迹象，就像一块鸡肋，拿在手中时间长了也会产生厌倦的感觉，于是经不住长时间耐心的考验，选择抛出手中筹码，而主力则趁机完成他们的建仓工作。这种建仓方式横盘的时间越长，后期上涨的空间就越大。

图 4-1 所示的内蒙古华电，就是采用了横盘震荡建仓方式。股价在很长一段时间内，在一个范围内来回震荡，其间成交量也随着股价起落有致。随着建仓的完成，成交量开始放大，开始了拉升行情。

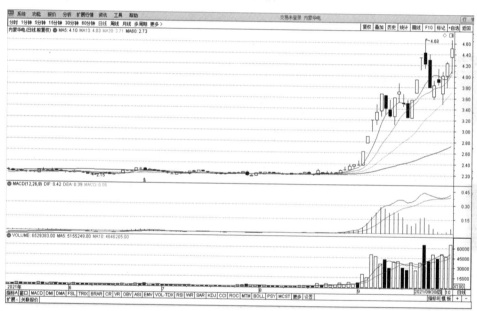

图 4-1　内蒙古华电的 K 线图

二、温和上涨建仓

主力采用温和上涨建仓这种方式，主要是由于股价已被市场慢慢地推高脱离底部，且市场前景看好，投资者更愿意持股，主力只能逐步推高股价进行收集。采用此方式建仓的前提，通常是在大势中短期已见底，并开始出现转跌为升的迹象。主力通常会采用进二退一或进三退一的方式进行操作。通过股价的缓慢上涨，可以达到边建仓、边洗盘、边换手的目的，逐步抬高底部，为日后拉升奠定基础。这期间，成交量也会呈现出量增价涨、量缩价跌的量价配合现象。

实战中，投资者在这种情况下应该买阴不买阳，即在股价下跌收阴线时买进，不在冲高阳线时介入。同时以中长线操作为主，待放巨量时分批出局。

图 4-2 所示的东方盛虹，就是采用了温和上涨建仓的方式。从图 4-2 中可以看到，主力在建仓时，量价配合良好，有时也会出现某日突放巨量的形态。

图 4-2　东方盛虹的 K 线图

三、快速拉升建仓

快速拉升建仓，即主力在股价不断上涨的过程中进行建仓的一种方式。它是建仓速度最快、效果最好的一种方式，其缺点是成本极高。这类建仓方式主要是利用散户投资者的一般操作习惯和心理（如"高抛低吸""见反弹出货""见反弹减码"等），不计成本，大量快速地吃进筹码。在冷门股或长期下跌的股票中经常会出现快速拉升建仓的方式，主力介入个股之后将股价迅速拉高，有些主力甚至不惜以涨停的方式进行逼空建仓。运用这种手法建仓的主力一般实力都比较雄厚，且操作手法非常蛮横。

快速拉升建仓一般出现在主力根本就没有办法通过打压、震荡、横盘等手法得到散户投资者手中目标股票的筹码之际，主力只能通过拉升股价让散户投资者获利出局的方式来介入到目标股票之中进行操作。一般在大势逐渐转好，或者主力预感到大势即将转好时，主力将会运用这种建仓方式。当上市公司隐藏着重大利好，或者个股在某种突发性利好消息的影响下，具备大幅炒作的机会，且股价又处于相对较低状态时，主力没有在低位建仓，便会采取这种快速的拉高建仓方式。在日线图上，快速拉升建仓一般是连续性阳线，且接连出现。只有主力在获取到大部分流通筹码之后，走势才会逐渐变得阴阳交错。

图 4-3 所示的华贸物流，主力就是采用了快速拉升的建仓方式。触底后成交量突然急剧放大，连续快速拉升，整个过程一气呵成，短时间内获得了一定的筹码，为今后的一系列操作赢得了宝贵的时间。

图 4-3 华贸物流的 K 线图

四、打压建仓

一般在大盘受到利空的影响或因其他原因而出现大幅跳水时容易出现打压建仓。在目标股票的价格还在继续下跌之际，准备采用顺势砸盘手法建仓的主力就会开始逐步介入到目标股票之中进行操作。一般在大盘未见底之前会运用这种方式，股价距主力吸货成本目标有一定差距，主力不愿在较高价位承接筹码，必须将股价打到一个较低价位。由于利用此手法在当天吸纳部分筹码，于第二日打低股价，主力在更低价位上承接，采取边打边吃的手法，将投资者手中的筹码收集到自己手中；或正值大盘向下之际，市场抛压沉重，主力或利用手中筹码在开市和收市前大幅压低股价，造成投资者恐惧并割肉离场。这种收集筹码的方式如果发生在大盘向下调整时,或是个股有较大利空出现时,效果更佳。但要求主力控筹程度高,实力强大,且跌幅不要过大,时间也不能太久。因为过分地打压只能使更多的卖盘涌出,吃进的筹码将比预期的多得多,很难控制局面,一旦失控,满盘皆输。另外若是实质性利好时,还会有对手抢货,从而造成筹码损失。

从成交量上看,主力为了制造恐慌气氛,往往会采用对倒放量进行打压。但通常开始跌的时候,往往是缩量。作为散户,如果还是浅套,股价又刚刚起跌时,可以斩仓出局,待低点补仓介入。如果股价跌幅已达到 50%以上,则不宜盲目杀跌。

图 4-4 所示的五粮液,经过一段时间的上涨之后,进入一个平台整理阶段,股价在较长一段时间内在一个小范围内波动,后期主力便采用了这种打压的方式建仓,这样做既可以将前期获利的散户清理出局,同时也可以通过这种方式收集到足够的筹码,为后面的拉升做好准备。从图 4-4 中可以看到,其打压的力度是非常大的,但是后面的上涨幅度更大。

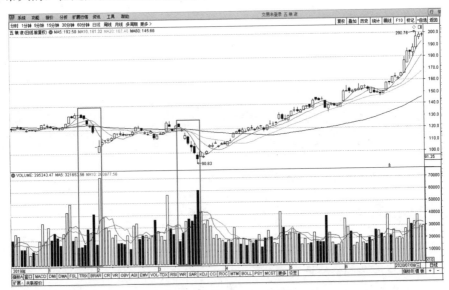

图 4-4 五粮液的 K 线图

通常,打压建仓包括以下几种情况。

1. 借大盘调整打压

借大盘调整打压,即利用大盘调整之际,趁机不断压低股价。对于在跌势中苦苦挣扎的股票，主力往往不是伸出援手，而是趁机踹上一脚，让股价跌得找不着北。此时，投资者看着日日往下掉的股价，开始心慌；而主力则适时出现，收集廉价筹码。

2. 技术支撑位制造恐慌

设法打穿重要的技术支撑位，引发技术派的止损盘，趁机吸纳。当股价在盘整或下跌时，跌破了某个重要的技术支撑位，往往会引发投资者的恐慌性抛售。此时主力又制造了利空消息陷阱，大大地动摇了投资者持股的信心，主力可趁机吸到大量廉价的筹码。待惊慌的股民醒悟过来时，才知道自己已掉进主力精心设置的陷阱中。

图 4-5 所示的新五丰，股价在底部区间围绕着 60 日线上下震荡，此时，60 日线就可以多空双方争夺的关键位置，而散户朋友也往往以 60 日线是否有支撑来操作。从图 4-5 中可以看到，股价小幅拉升至前高位置处，没能继续向上运行，而是向下走出连续的阴线，甚至在 60 日线也没有支撑，这就会给广大散户朋友造成一定的心理压力，一些没有耐心的朋友就会止损卖出，但接下来的股价并未继续下跌，而是很快反转向上运行，短时间内涨幅近乎翻倍。

图 4-5 新五丰的 K 线图

3. 业绩公布时打压

个股业绩低于预期，成为打低股价的大棒。每年公布年报、中报期间，都有部分个股业绩同比大幅下降，或盈利由正数变为负数，难以令人满意。此时主力顺势做出打压，形成一个该股确实"一文不值"的假象。散户看到自己精心挑选的"金凤凰"变成了"秃头鸡"，只得忍痛把"金砖"以"破铜烂铁"的价格大甩卖，这正迎合了主力的心意。

五、中继平台式建仓

采用中继平台建仓，通常是因为在前期已经收集到了一定的筹码，但由于仓位还不够，于是主力利用手中的筹码，在中部位置构建了一个滞涨式的中继整理平台，并在平台整理的过程中完成了建仓的目标。主力采用这种方式建仓，所需要的时间一般比较长，如一两个月或者更长的时间。

利用中继平台建仓，主力主要是以时间来换空间，并以此拖垮散户的持股信心。在中继平台整理期间，盘面上的股价会表现出十分疲惫的走势。因为长时间赚不到钱，持有该股的投资者不再坚持，于是抛售出局。由于找不到赚钱的机会，场外持币的投资者也不愿意进场抢筹。

图4-6所示的大悦城，主力就是采用了这种建仓方式。股价经过一波上涨之后，为了洗掉前期获利的浮动筹码，同时进一步吸收筹码，庄家采用了横盘的方式边整理边吸筹。由于主力不断地收集筹码，所以股价就会呈现出比较强的抗跌走势。如果单纯地维持这种横盘，那么盘中的抛盘就会逐渐减少，这样庄家就会很难收集到足够的筹码。所以，主力通常会采用震荡的手法，迫使意志不够坚定的散户卖出手中的筹码。有庄家在其中采用中继平台方式建仓的个股，通常是股价经历了一波拉高后进入整理平台的，因此盘面上会呈现出停止向上拓展空间，但同时又封住了下跌空间的现象。此时，股价会在一个幅度比较小的范围内缓慢波动。

如果股价是经过一段下跌见底后走出一段反弹行情，再形成一个中继整理平台的，在这种情况下，出现上面所讲到过的盘面特征，则是主力采用中继平台方式建仓的信号，投资者可以在中继平台向上突破时进场。但如果这种形态出现在个股股价已经上涨了比较大的幅度时，就不要轻易做出买进的决策了。因为这时候很可能是庄家采用横盘的方式出货，而横盘之后的放量则很可能是一个骗局。

第四章 了解主力的建仓行为

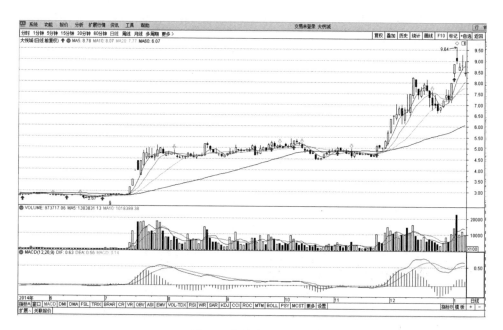

图 4-6 大悦城的 K 线图

六、跌停式建仓

主力在跌停板价位处挂巨额卖单，恐吓散户纷纷以跌停价卖出，这就是跌停式建仓的主要操作手法。此时，主力会悄悄撤掉原先挂出的巨额卖单，然后填买单将散户筹码一一吃进，同时，再挂与撤单大小相近的卖单在后，在表象上没有明显变化。这一过程可以反复进行，直到吸足筹码，或大多数散户发觉为止。

遇到跌停的情况，投资者要结合价位高低和成交量的大小、换手率大小，综合分析跌停的原因，然后再做决定。切记不可盲目地杀跌，以防上当受骗。

图 4-7 所示的通化金马，就是在小幅上涨之后，不断采用了跌停的方式进行建仓。实战过程中，一定要注意跌停时股价的位置，如果股价前期涨幅不大，且没有重大利空，或者股价经过连续下跌之后，或者长期在底部徘徊，突然收出一个跌停的 K 线，持股者不宜跟着杀跌，而持币者则可以趁机建仓。

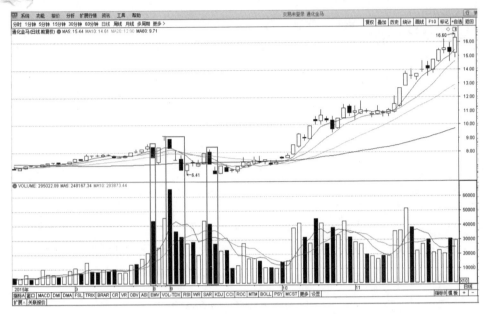

图 4-7　通化金马的 K 线图

第三节　建仓时的盘面特征

主力在建仓时，尽管都会尽量做到不为人知，但再狡猾的狐狸也会露出尾巴。投资者只要认真观察，总能从盘面上看出一些蛛丝马迹。下面我们就从 K 线、成交量以及盘口方面，简要分析一下主力建仓时的一些特征。

一、建仓时的 K 线特征

K 线走势图能够把每天股价的走势情况完全记录下来，经过一段时间的运作后，其图上就会形成一种特殊的形态或区域。K 线的形态不同，其具有的含义也不同，散户可以通过分析它的形态变化，来分析判断出盘中的一些规律和主力的动向。如果一只股票没有主力入驻，那么它的 K 线图形态就会毫无规律，即使股价有相对底部出现，那也只是暂时的。在底部区域，股价也许会出现反弹现象，但很快就会继续下跌。而一旦某只股票有主力进入，那么在主力建仓的过程中，就会在日 K 线图上留下踪迹。

例如，其 K 线经常会在低位收出小十字星，或者是小阴线、小阳线实体。这主要有两个方面的原因：一方面，主力会使建仓行为更隐蔽，以便在盘中悄悄吸纳便宜的筹码，因而对股价的打压也不敢太过于放肆，"吃货"也不敢太过于疯狂，这个时期股价的振幅大多比较小，因此会在收盘时收出十字星 K 线；另一方面，主力需要将股价压低后慢慢地吸筹，但又不想在收盘时收高股价，否则会提高今后收集筹码的成本，在临近收盘时，主力会把股价打压到开盘价或接近开盘价的价位，这样就会形成十字星 K 线。到了建仓阶段后期，K 线图中就会出现实体较长的阳线，或者是上影线较长的 K 线，这表示主力已经准备开始大的行动了。

二、成交量的特征

主力吸筹造成的成交量变化一般有以下三种情况。

(1) 在原来成交极度萎缩的情况下，从某一天起，成交突然放大到某个温和但不引人注目的程度，并在之后连续很多天一直维持在这个水平，每天的成交量不是像原先那样时大时小，而是极为接近。这种变化不是偶然的，这是主力有计划地吸筹造成的。此时，若日 K 线组合出现连拉小阳的形态，可靠性更强。一般这样的进货过程要持续两个星期以上，否则无法吸够低价筹码。主力往往不会轻易抛出这一批筹码，因为这是主力最宝贵的仓底货。

(2) 成交量极度萎缩后间歇性突然放大，日 K 线图上伴随着间断出现的大阳线，这是主力为了避免引起散户的注意，故意拔高，打压后再拔高，在底部反复消磨散户的信心，迫使其把筹码乖乖交给自己。经过一段时间后，成交量才会明显地稳步放大。

(3) 成交量长期萎缩后突然温和而有规律地递增，日 K 线图上伴随着股价的小幅上升，这也是主力吸筹时造成的成交量的微妙变化。这表明在吸筹后期浮筹减少，主力不得不加价才能拿到筹码，此时若出现底部盘升通道或圆底、潜伏底、W 底等形态，较为可信，这种情况反映出主力急于进货的心情。散户发现后不要轻易放掉，因为这时离股价大幅攀升的日子已经很近了。必须指出的是，上述三种由主力介入而造成的成交量变化，都必须是在股价大幅下跌、成交量极度萎缩之后出现，才能肯定是主力吸筹的痕迹，否则，可能只是一种盘整而已。

三、盘口特征

在交易过程中，盘面是股票散户交流的窗口，也是观察主力一举一动的窗口。无论是主力还是散户，其买卖行为都会表现在分时走势图中。盘口的信息就是分

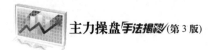

时走势图上显示的五档买卖队列。

对于每只股票来讲，通过盘口信息语言可以了解到是否有主力进入，进入的主力是大主力还是小主力，主力是善庄还是恶庄。可以说，盘中的每一笔成交，主力的意图都会显示在其中，散户只要能够读懂盘口的信息语言，就可以在股市中生存。

通常，主力在建仓时，盘口都会表现出以下几种特征。

(1) 主力在卖一位置挂上大单，而在买一位置挂上相对较小的买单。为了恐吓投资者抛出手中的筹码，达到主力建仓的目的，有些主力在卖二、卖三、卖四、卖五上都会挂上大单，显示该股票抛压很重。比如某只股票，在卖一 7.30 元处挂上 6000 手的卖单，而在买一 7.28 元处却挂上 1000 手的买单。一旦盘中出现 7.29 元的卖单，就会马上被主力吃掉。主力以这种手法不断地向上撤单，如果突然撤掉卖一 7.32 元处的卖单，卖一处的价格就变成 7.33 元了。盘面上出现这种情况，是主力吃筹建仓的明显特征，当然，其前提是股价不是处于被炒作后的高位。

(2) 股价处于低位时，在盘口出现对倒单。在建仓过程中，为了在低位买到更多的筹码，主力会采用对倒单来打压股价。在 K 线图上会出现小阴线和小阳线交错出现的情况，并且股价会沿 10 日均线不断上扬，同时，盘面上会出现大的成交量。

(3) 股价经过一段下跌后，盘口上出现大单。比如某只股票经历了一段长时期的下跌过程后，股价开始企稳，盘口上卖单处出现很大的卖单，而下面的买单很小。不久后，盘口上会出现很大的买单，直接把上面的大卖单一口吃掉。在盘口出现这种现象的话，就是主力建仓吃货的特征。

(4) 收盘前瞬间打压股价。如果某只股票在收盘前股价瞬间下跌，则是主力建仓时常用的一种手法所致。为了可以使股价在瞬间被砸到低位，在尾市收盘前几分钟，主力会突然抛出一笔或几笔大卖单，而且卖单同成交价相比降低了很大价位。主力在收盘前瞬间打压股价，目的是让散户来不及做出反应，迅速把股价打压下去，使日 K 线形成光脚大阴线、十字星或阴线等较难看的图形，使持股者产生恐惧心理。持股者看见盘面上出现这种情况后，会认为股价很可能在次日出现大跌。在次日开盘后，主力则会先打压股价，使其呈现出下跌的态势。这时候，其他持股者就会纷纷抛出自己的筹码，主力就一一吃进。这种情况如果出现在周末的话，效果会更好。

(5) 股价在下跌过程中出现大买单。某只股票在下跌过程中，如果在盘口上的买一、买二、买三处出现大的买单的话，这是主力建仓护盘的特征。但要注意，因为在股价下跌过程中，光靠主力护盘是护不住的，所以出现这种情况，股价不一定能马上企稳。主力出面护盘后，一般股价还会有下跌空间。若遇到这种情况，应该密切留意，一旦市场出现转强的现象，这只股票会有很不错的表现。

以上分析的几种盘口特征，都是主力建仓阶段经常出现的，也是判断分析主力建仓行为最基本的盘口信息语言。对于散户来说，必须长期跟踪某只股票，紧盯盘口，并在实践中不断探索、不断提高，这样才能及时掌握主力的动向。

四、通过 K 线图判断主力是否完成建仓

主力是否完成建仓，通常也可以通过 K 线的一些形态来观察。

1. K 线走势独立于大盘

在市场中，常出现这种现象：大盘涨，个股也涨；大盘跌，个股也跌；大盘呈平衡震荡，个股也为上下震荡的平衡式。因为个股一般是跟着大盘呈正向走势。然而某些个股走势我行我素、独来独往，走出独立的行情。通常，这种情况表明个股的筹码基本上已经被主力控股，并且完成了建仓工作。

2. 放小量可以拉出大阳线

主力进入目标股收集筹码，在经过一定的时间与空间的收集工作后，若主力某日用较小的资金就能使股价涨停板，则表明市场中绝大多数筹码已经流入到主力的手中，其具备了绝对的控盘能力，能够在市场中随心所欲地画走势图，同时也说明主力筹码的收集工作已经进入尾声，或者结束了。

3. K 线走势起伏不定且成交量萎缩

为了洗掉市场中的获利盘，在收集筹码的末期，主力会使用少量筹码来做走势图。从日 K 线上分析，股价起伏不定，在一个箱体内上下运行，做震荡走势，上涨到箱顶止涨，下跌到箱底止跌。在分时走势图上，震荡幅度更大，走势呈现出波浪式的翻腾，委买、委卖之间的价格差距非常大，给人一种莫名其妙的感觉。成交量有时也不规则，且市场中的筹码极少。

第四节　建仓时常见的 K 线形态

在建仓阶段，经常出现一些明显的底部形态，如圆形底、潜伏底、双底(W 形底)、头肩底、三重底、矩形等。下面对其进行介绍。

一、圆形底

圆形底，即底部是圆弧形的，股价从高档滑落一段时间之后，持股者已经舍不得抛售，而持币者也没有太大的信心，希望能再出现更低的价格，由于买卖双方都不积极，所以跌势逐渐缓和，成交量往往也会呈现出地量的形态。当做空力量衰竭殆尽，股价开始止跌回升，成交量也开始慢慢放大，整个过程显得非常顺畅自然，如图 4-8 所示。圆形底出现的概率非常高，这符合事物发展的规律。但完全标准的圆形底也不多见，一旦出现该形态，通常可以确认是市场底部。

图 4-8　杉杉股份的 K 线图

二、潜伏底

股价经过长期的下跌之后，多空双方达到平衡，致使股价在一个极其狭窄的范围内波动。成交量也极度萎缩，K 线图上表现为小阳、小阴交错，最后再利用消息的带动和主力的推动，股价向上突破，成交量也随之放大，上涨行情就此展开。

潜伏底与其他底部形态不同的是，它一旦向上突破之后，股价就会一路上涨，很少出现回探现象。这是因为股价横盘时间已经很长了，换手相当彻底的缘故。

图 4-9 所示的湖北宜化，就是一个典型的潜伏底的建仓方式。在潜伏底构筑过程中，有些投资者因过早入市受不了股价不死不活长时期的折磨，在股价发动上攻行情前离开，这是很可惜的。因此，潜伏底的入市时间应选择在股价放量上冲这一阶段。投资者不敢追涨，这是一种错误的行为。潜伏底一旦爆发，上攻势头将会十分猛烈，常常会造成连续逼空的行情，而多数投资者对潜伏底爆发出来的大涨行情不知所措，一看连续拉出的大阳线就不敢再追涨。潜伏底往上突破时有一个重要特征，即潜伏底上扬时往往会出现大阳线后再拉大阳线，超涨之后再超涨的现象。因此，在潜伏底涨升初期追涨是一个比较好的选择。

图 4-9　湖北宜化的 K 线图

三、双底

一只股票持续下跌到某一价位后会出现技术性反弹，但回升幅度不大，时间亦不长，股价又再次下跌，当跌至上次低点时又获得支持，再一次回升。股价在这段时间的移动轨迹就像英文字母"W"，这就是双底，也称 W 走势。

双底的两个最低点并不一定在同一水平上。另外，股价在突破颈线位时，必须伴随着大成交量向上突破才有效，若在突破颈线时成交量太小，则有可能继续横盘震荡。股价在突破颈线后，颈线从压力变成支撑。同时，为了测试支撑的力度与突破的有效性，股价有时会出现回抽过程，这也是短中线介入的较好时机。

若颈线支撑失败,则应出局观望。图 4-10 所示的粤高速 A,就形成了一个双底的形态。

图 4-10 粤高速 A 的 K 线图

四、头肩底

　　头肩底表示过去的长期性趋势已扭转过来,虽然股价一次又一次地下跌,并且第二次的低点显然较先前的一个低点更低,但很快就掉头弹升。接下来的一次下跌股价未跌到上次的低点水平就已获得支持而回升,反映出市场过去向淡的形势已被看好的力量逐步改变。当两次反弹的高点阻力线(颈线)被打破后,显示看好的一方已完全把空方击倒,买方代替卖方控制整个市场。

　　当头肩底颈线突破时,就是一个真正的买入信号,虽然与最低点比较,股价已上升了一定的幅度,但升势只是开始,那些尚未买入的投资者应该继续追入。图 4-11 所示的新泉股份,就形成了一个头肩底的形态。

图 4-11 新泉股份的 K 线图

五、三重底

股价经过一段时间的下跌之后，由于股价的调整，使得一些大胆的投资者开始逢低吸纳，而另一些高抛低吸的投资者也开始部分回补，于是股价的第一次回升出现。而当上升到某一水平时，前期的短线投资者及解套盘开始抛出，股价出现再一次下跌。当股价落至前一低点附近时，一些短线投资者高抛后开始回补，由于市场抛压不重，股价再次回弹，当回弹至前次回升的交点附近时，前次未能获利而出的投资者则会在此处获利抛出，令股价重新回落，但这次在前两次反弹的起点处买盘活跃，当越来越多的投资者跟进买入时，股价放量突破两次转折回调的高点(即颈线)，三重底走势正式成立。

三重底的三个顶点价格不一定相等，通常相差 5% 是可以接受的。三重底在第三个底部上升时，如果成交量出现明显的放大，即显示出股价具有突破颈线的趋势。图 4-12 所示的新开源，就是一个三重底的走势。

六、矩形

矩形形态又称为箱体，是整理形态中的一种形态，由两条平行的水平趋势线构成，股价在这两条平行的水平趋势线之间波动。当股价涨到上限时，就会有强劲的卖压出现，使股价回跌；当股价跌到下限时，又会有强劲的买盘出现，使股价上升，如此反复运行。而主力则在这个矩形区间完成筹码的收集。

矩形向上突破是买入信号，不过当向上突破时，一定要有大的成交量配合才可相信这是一个确认信号，否则极可能是假突破。图 4-13 所示的中交地产，就在建仓的过程中形成了一个矩形形态。

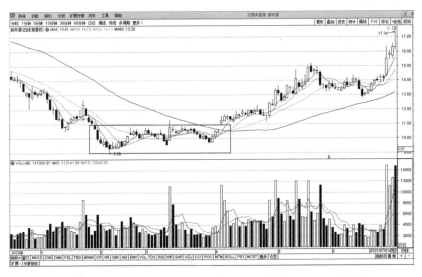

图 4-12　新开源的 K 线图

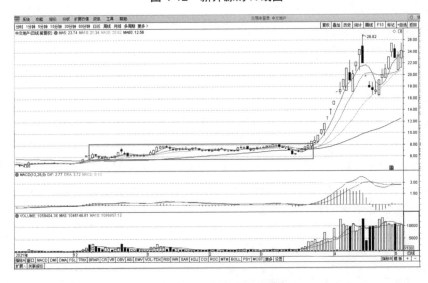

图 4-13　中交地产的 K 线图

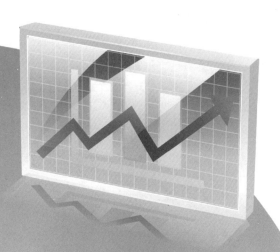

第五章

主力的试盘

试盘就是主力对将要开展的操盘行为进行试验，测试盘中的抛压与支撑等信息，从而指导其操盘。试盘可以出现在任何阶段，比如建仓完成后进行试盘，可以测试出上方的压力以及下方的支撑力度；洗盘结束后、拉升前的试盘，则可以测试浮动筹码的清理情况等。本章我们就重点讲解主力的试盘手法。

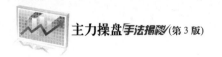

第一节 试盘概述

在主力建仓、拉升、出货等各阶段前、中期都有可能出现主力的试盘行为。其中，拉升前的试盘最普遍，对主力来说也最重要。

一、什么是试盘

所谓试盘，即主力在坐庄的过程中，为了能够顺利地完成某一阶段的坐庄行为而展开操盘试验，以测试盘中的相关信息，如支撑力度、抛盘压力等，从而为其后续的操作盘加以指导。主力在试盘过程中会故意采取特殊的手法，从而造成股价比较明显的异动，以此来试探市场对该股的反应。这样主力就可以从中获取一些有用的信息，然后据此来分析、判断，更好地调整或决定自己下一步和下一个阶段的操作策略。

二、试盘的目的

试盘是指主力利用某时间段的买卖信息来测试市场买卖双方力量对比的一种手段。通过某一时间段有目的地快速买进和卖出，主力可以得到市场心理状况和市场筹码状况的反应，进而调整自己的交易策略。一般来说，主力试盘主要有以下四个目的。

（1）测试目标股是否有其他主力或者庄家存在，以免扰乱自己的操作行为。

（2）通过试盘决定采取何种方式拉升。例如，是快速拉升，还是缓慢拉升以及波浪式上涨。

（3）观察盘中筹码锁定程度、外面浮筹程度。如果外部筹码较多，抛盘较大，则需要等待时机拉升。

（4）测试市场追涨杀跌现象。追涨的投资者多，主力拉抬轻松；杀跌的投资者多，主力拉抬费力。

三、试盘的方法

通常情况下，试盘只有急拉股价和急压股价两种方法。

1. 急拉股价

主力将股价快速拉升到某一高位后放任自流，以此来测试市场接单和抛盘的情况。若接单较多，则表示买盘跟风踊跃，市场看好该股；若抛盘多，则表示外部浮筹较多，筹码不稳定；如果是接单和抛单都比较多，则说明浮动筹码不稳定，但市场看好者众多。主力得到以上信息后，就可以重新制定操作战术了。

2. 急压股价

主力通过把股价向下打压，以查看市场跟风的抛盘有多少，测试市场筹码的稳定程度以及持股者的信心和容忍度；同时也可以测试出市场的承接力量有多大，看出有无机构或大户进场等状况。

至于什么时候、采用哪种试盘方法，主力也是有讲究的。通常主力会在大盘强势时往上急拉股价，在大盘弱势时往下急压股价，在大盘盘整时使股价上下波动；同时利用利好消息急拉股价，利用利空消息急压股价，利用板块走势来同步测试股价反应等。

四、试盘的时间与空间

1. 试盘时间

通常情况下，主力试盘的时间比较短，短线主力的试盘时间往往只有几分钟或者十几分钟；中线主力的试盘时间往往在一周左右；而长线主力的试盘可能需要几周的时间完成。试盘可以一次完成，也可以分阶段完成。

2. 试盘空间

试盘空间也称试盘幅度，是指主力在试盘期间使股价在一定范围内波动。这个幅度必须适当，如果过高或者过低，就很难达到主力试盘的目的。通常情况下，长期底部横盘的个股试盘空间为正负 5%～15%；一般状态下个股试盘空间为正负 15%～30%。

第二节　试盘的操作手法

主力在试盘时，往往会采取一些特殊的手段控制场上的股价走势，如冲高回落、低开高走、高开低走、金针探底、双针探底等手法。下面我们介绍几种常见的试盘手法。

一、冲高回落

主力为了测试上方抛盘,会用一小部分资金向上买进股票。由于股价长期处于历史低位,散户投资者对此已形成了习惯性思维,只要股价稍一上涨就可能会有大量的浮动筹码涌出。这时由于主力还没有培养出跟风盘,所以在遭遇到抛盘后往往会在K线上留下一根长长的上影线。

主力采用这种方式进行试盘,若抛压较小,主力就会趁机拉高股价,迅速脱离成本区;若上方的抛盘过重,主力就会再次进行洗盘,以进一步清理浮动的筹码。

图 5-1 所示的海新能科,在股价触底反弹之后,盘中积累了一些短线获利盘,为了更好地向上进行拉升,主力采用股价冲高回落的方式进行试盘,收出一根上影阴线,从图 5-1 中可以看出,股价所处位置在 60 日线附近,但成交量并没有放大,可见在该位置抛盘压力较小,短暂整理两日后,股价便向上拉升。

图 5-1 海新能科的 K 线图

图 5-2 所示的常山北明,与图 5-1 类似,股价在半年线位置附近跳空向上,因上方存在一定的抛压,冲高后出现回落,收出一根放量阳线,接下来进行了大约一周时间的小幅整理之后,继续震荡上行。

第五章　主力的试盘

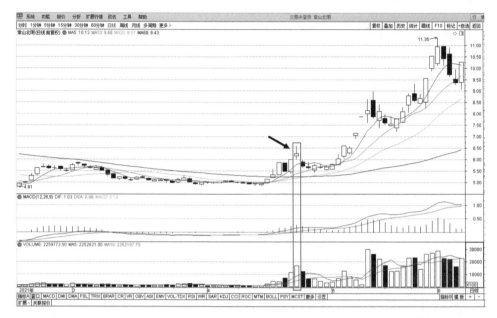

图 5-2　常山北明的 K 线图

二、低开高走

主力在采用试探上档压力盘的方式来试盘时，如果有很多短线跟风盘出现，就会有较多的短线获利盘，这样就会增加主力的拉升成本。为防止上述现象出现，主力会采取低开高走的方式进行试盘，以便在试盘过程中不引起其他机构和主力的注意，防止造成在打压股价的过程中流失过多筹码。

低开高走，即股价以大幅低开的形式开盘，低开幅度一般在3%以上，开盘后股价一路震荡走高，最终收盘时收出一根阳线实体。采用这种方式试盘，主力既可以在大幅度低开的过程中收集到廉价筹码，又不会在试盘过程中流失筹码，也不会引来大量的短线跟风盘，并且还可以测试出筹码的稳定性和盘面的支撑力度。

图 5-3 所示的吉林化纤，在拉升之前，主力就采用了低开高走的方式进行试盘，低开后早盘大多数时间在前日收盘线之下运行，午后开始快速拉升，这说明下方抛盘较小，而买盘较多，也说明投资者对后市看好。从图 5-4 的 K 线图中可以看出，在确认底部有一定的支撑后，短暂休整两日股价，便开始了反转向上运行。

89

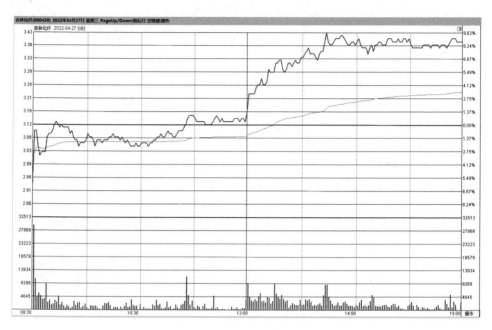

图 5-3　吉林化纤某日的分时图

图 5-4　吉林化纤的 K 线图

一般情况下，在下跌式建仓的个股当中会采用这种低开高走的方式试盘。当主力建仓即将结束时，就会比较关心股价是否还有继续下跌的趋势，因为主力是在股价不断下跌的过程中建仓的。采用这种低开的方式试盘，就可以观察出股价是否还存在下跌动力。一旦试盘后股价便开始走强，这说明主力已经进入拉升股价的阶段，此时投资者就可以放心进场了。

三、高开低走

高开低走，即开盘时股价大幅跳空高开，但是在开盘后股价并没有再继续上攻，而是出现盘中震荡单边下滑，且在 K 线上显示的是一根高开低走的大阴线。不过相对于昨日的收盘价，今日的收盘价并没有下跌多少，甚至有部分个股相对于昨日的收盘价还是上涨的。

投资者买进股票后，在经历了一段时间的煎熬之后，才会下定决心割肉出局，很少有人会在赔钱的情况下就快速地割肉出局。而主力正是抓住了散户的这种心态，所以在试盘的过程中会让股价大幅度高开低走，并且在收盘的时候收出一根大阴线。通过这样的试盘方式，主力就能够测试出那些处于犹豫和徘徊边缘的散户们的心态。前面讲到过的试探上档压力盘的方式，虽然也能测试出上档筹码的稳定情况，但那样做会让一些散户出现观望心态，不利于主力把持股信心不坚定的跟风盘彻底清除出局。

若股价大幅度高开低走之后，盘面上的卖盘很少，这说明盘中散户的持股心态很稳定，浮动筹码也比较稀少，主力接下来很有可能就进入拉升阶段；若股价在大幅度高开低走之后出现大量抛盘的话，说明盘中的浮动筹码比较多，散户持股心态不是很稳定，主力就会继续向下试盘寻找支撑点。因此，散户在跟庄过程中遇到这种走势时，就应该特别留意盘面的动向，一旦股价开始走强，就要立刻进场操作。

如图 5-5 所示为高争民爆某日的分时图，股价高开 8 个多点，但却一路震荡下行，可见上方存在一定程度的抛压，接着股价又进行了近三周的整理才开始拉升行情，整理期间，成交量呈缩量状态，如图 5-6 所示。

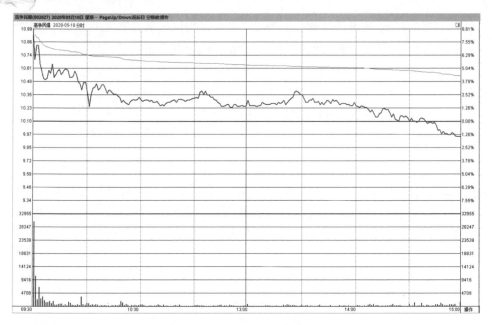

图 5-5　高争民爆某日的分时图

图 5-6　高争民爆的 K 线图

四、金针探底

金针探底，即当天股价被打压至某个位置，然后又被快速地拉起来，在 K 线图中形成带有长下影线的 K 线形态，这样做可以防止那些有良好技术功底的散户识破主力的试盘意图后进场抢筹码。

主力采用这种方式试盘，可以起到两种作用。

(1) 可以看出场外资金对该股的关注度。若该股引起了场外资金高度关注，那么在股价快速下跌的过程中，就会有很多散户进场抢筹码，此时的成交量会有明显的放大。

(2) 可以测试股价下档的支撑力度以及持股者的信心。若支撑力度很强，那么股价很难快速地跌下去。同样，若投资者的持股信心很坚定的话，那么盘面上也不会有很多卖盘。

通常情况下，采用这种方式试盘有两种模式。

(1) 在开盘时股价大幅度跳空低开，并且以非常快的速度呈直线下跌，随后股价又被快速地拉起来，或者是震荡回升。收盘时股价会收在前一天的收盘价之上，因此会在 K 线走势中收出一根带长长下影线的阳线。

(2) 股价稍微高开或者是稍微低开，或者以前一天的收盘价格开盘，开盘后股价窄幅波动。随后，盘中就会出现一笔或者多笔大的卖单，将股价一下子打压下去几个点，但很快股价又会被拉起来。收盘后，K 线走势图上就会留下一根带长长下影线的阳线或阴线。之所以采用这种方式试盘，是因为主力想测试下档的支撑情况和盘中的持筹稳定程度，同时又不想让那些识破其试盘意图的散户在股价下探的低位捡到便宜筹码。

图 5-7 所示的长盈精密以及图 5-8 所示的金利华电，在经过一波下跌行情之后便利用了这种金针探底的形态进行试盘，在确认下跌空间有了一定的支撑后，便开始了反转向上的行情。

投资者如果遇到以这种方式试盘的个股，千万不要盲目地在股价快速下探的过程中进场操作，因为主力在经过这样的试盘后，若测试出下档的支撑力度不是很强，或者是盘中的恐慌性筹码比较多的话，就会继续向下试盘。如果散户此时买进的话，就可能会被主力拖住。除非对盘面情况把握得相当准确，才可以在这个时候进场买入。在探底的过程中若抛盘不大，下档买盘又很积极，同时在股价下探的过程中成交量明显萎缩，并且第二天股价没有跌破前日的最低价，则可以尝试买入。

图 5-7　长盈精密的 K 线图

图 5-8　金利华电的 K 线图

第五章 主力的试盘

五、双针探底

双针探底，即在日 K 线图上出现连续或者间隔的两个金针探底。在双针探底式试盘的个股中，有的时候会出现两根针最低价格相同的情况，这时主力是在试探前一次低位的承接盘是不是依旧很强烈。若价位回落到这个位置时，买盘并不是那么积极，并且盘中的抛盘情况很严重，这就表明股价在这个位置得不到有效的支撑，那么主力会继续向下试盘寻底；若股价再次回落到这个价位时，能够引来很多买盘，并且盘中的抛盘并不是那么多，就说明股价在这个位置的支撑力度相当强。在双针探底的试盘过程中，若出现两个针的最低价格都是一样的情况，就表明散户在这个价位持有筹码的稳定性很强，场外资金入场的承接力度也很强。

图 5-9 所示的汇源通信，就是采用双针探底的方式进行试盘的。两次下探的位置基本相同，确认底部获得支撑之后，主力便开始了反转向上运行。实战中，当投资者遇到双针探底的情形时，不一定要急于操作，因为如果主力要进行拉升，只有在试探出下档的承接盘力度很强，抛盘比较小的时候才会进行。所以，投资者最好等到股价开始走强，并进入上涨趋势后，再进场操作。

另外，双针探底不一定是相邻的两天，也可能是中间隔一些交易日再进行第二次探底，图 5-10 所示的安道麦 A 就属于这种情况。实际上，这种二次探底的方式反而更加可靠。

图 5-9　汇源通信的 K 线图

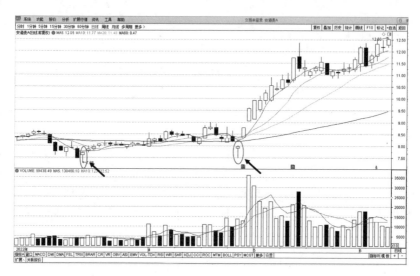

图 5-10　安道麦 A 的 K 线图

六、利用消息试盘

一般来说，一条实质性的利好或利空消息，都会引发股市的大涨或大跌，改变原有的走势，让投资者甚至是庄家都难以捉摸。在中国资本市场中，政策左右股市涨跌几乎成了人们的共识。

庄家主要是测试利好消息的跟风情况，利空消息的抛盘情况。这种试盘方式，既可以加快时间进程，又可以真实地测试出盘面的轻重，其意图十分明显。

消息往往有真有假，在进行分析时还要注意这一点，它体现在成交量上面，假利空消息跌幅较浅，一般为 10%～20%，量能不大；真利空消息跌幅较深，一般超过 30%，量能放大。真利好消息持续时间较长，股价很快复位甚至超过前期峰点，可以追涨介入做多；假利好消息持续时间较长，股价难以回升，可以割肉杀出做空。

作为投资者，要学会判断消息的真假并结合盘面的量价特征，然后采取相应的操作策略。以下是判断真假消息的几种方法。

(1) 来自正规渠道的消息，可信度高；不要轻信道听途说的消息。

(2) 真消息会大涨大跌，一去不回头；假消息虚涨虚跌，很快会反转运行。

(3) 重大消息会引起股价的大幅波动，一般新闻不会引起股价的大幅波动。

七、利用热点板块试盘

从某种意义上讲，热点通常也是伴随着某些消息的发布才产生的。例如，国家实施的家电下乡政策，就带动了家电行业的股票走俏，而医疗改革政策则带动了整个医药板块的上涨。当市场中出现某个热点板块后，庄家可借机进行试盘，看自己入驻的股票的反应情况，以决定是否拉升。另一种是在某些板块出现整体下跌时，庄家借机进行试盘，以观察盘面抛压情况，从而决定是撤退还是留守。

庄家在利用热点板块的联动效应试盘时，当相同板块中的龙头品种出现大涨时(可以是放量，也可以是缩量)，庄股如果也蠢蠢欲动，说明跟风盘踊跃，就可以借机拉升股价，反之拉升条件不成熟。同样，当相同板块中的龙头品种出现大跌时，若庄股也出现下跌，表明筹码松动，抛盘较重，庄家不会在此时拉升股价。若庄股没有出现明显的下跌，这就表明筹码稳定性好，盘面状态良好，但庄家也不会选择在此时拉升股价。聪明的庄家甚至会借机打压股价，高抛低吸进一步降低成本。

投资者应紧跟龙头品种，与庄共舞。若买入的不是龙头股票，则要密切关注龙头股票的走势，一旦龙头股票出现走弱，就应及时离场。因为板块中的非龙头股票的起涨时间比龙头股票晚，涨幅比龙头股票小，但下跌通常比龙头股票早。

除此之外，主力还有可能采用多针探底的方式进行试盘，但其目的都基本相同，这里就不再赘述。

第三节　试盘阶段的分时图表现

主力在试盘的时候，在分时图中往往会出现瞬间打压、大幅高开等一些异常的表现。下面我们来了解一下主力在试盘时，分时图中所表现出来的特征。

一、股价大幅高开回落

主力试盘时，通过集合竞价大幅高开或者以涨停板的形式开盘。开盘后，主力并不拉升股价，而是瞬间让其自由回落，这样就会在日K线图上形成一根阴线。主力之所以这样做是因为：一方面，在一定程度上避免了场外短线散户的跟风；另一方面，也可以测试上方抛盘压力是否沉重。这样不但能达到试盘的目的，同时还能起到震仓的效果。

若大幅高开或涨停后，场内卖盘很小的话，说明上方的抛盘压力很小；若场外出现较多的买盘，则说明场外资金进入比较积极，该股已经引起了场外散户的注意。开盘以高盘或涨停板开出后，若引发场内大批卖盘的话，就说明上方的抛盘压力比较重，场内散户的持股信心不足，股价跳高后，很多持股者会选择获利了结。

图 5-11 所示的*ST 万方，就是一个大幅高开后回落的例子。从图 5-12 所示的 K 线图中可以看到，股价自底部运行至 60 日均线附近时，突然向上跳空一字涨停，接下来大幅跳空高开，但股价迅速向下运行，当天收出一根大阴线，成交量也放出巨量，说明上方抛压较重。试盘之后，股价又经过一段时间的调整才开始向上震荡拉升。

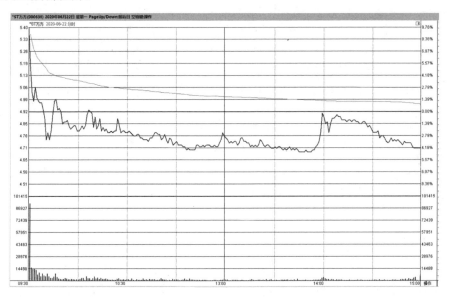

图 5-11 *ST 万方某日的分时图

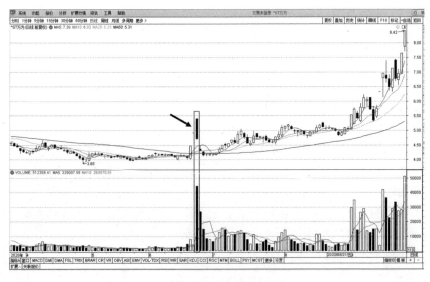

图 5-12 *ST 万方的 K 线图

二、大幅低开震荡上行

同大幅高开相反，主力以很大跌幅开盘，通常不少于3%，甚至是以跌停的方式开出，然后股价并没有向下继续下跌多少，而是震荡上行。

为了在开盘的瞬间把筹码低价卖给自己或与自己相关联的人，主力通常会用这种手法试盘。另外，通过这种恐慌式的打压，可以测试出持股者的信心。若持股者的持股信心不坚定，盘中就会出现较多的恐慌性抛盘，并且伴随着成交量的放大；反之，盘中的卖盘将会很少，成交量也会呈现出萎缩的态势。同时，主力还可以测试出下档的支撑情况，若下档的支撑力度很强的话，就会有积极的买盘进入，把股价的下跌空间封死。

图5-13所示的冀东水泥，在拉升之前，主力就采用了大幅低开震荡上行的方式进行试盘，当天股价大幅跳空低开，但随后却并没有继续向下运行，而是很快冲破前日收盘线，全天都在前日收盘线上震荡运行，表明在这一位置受到了买盘的明显支撑。图5-14是其K线所处的位置，从图5-14中可以看出，在这次试盘之后，股价便开始企稳反弹，随着成交量的不断放大，股价也有节奏地随之上涨。

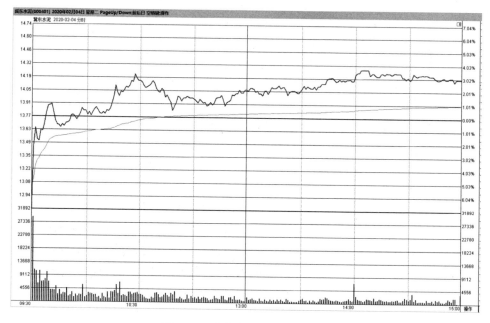

图5-13 冀东水泥某日的分时图

图 5-14 冀东水泥的 K 线图

三、尾盘拉高

在收盘前半小时或 1 小时，有时会突然出现一些大买单，快速地把股价拉至很高的位置，或者直接拉到涨停的位置，这也是主力试盘的一种手法。由于主力的资金实力有限，为了节约资金成本，同时又能使股价收盘收在较高位，或突破具有强阻力的关键价位，他们只好采取在尾市"突然袭击"的手法，瞬间拉高股价，通过这种试盘方式，可以测试出第二天散户的跟风情况和盘中筹码的锁定情况。若第二天开盘后没有太多短线获利盘吐出，说明盘中的筹码基本已被主力锁定了。

图 5-15 所示的云内动力，就出现了这种尾盘拉高的情况。股价全天大部分在前日收盘线之下运行，下午 2：30 开始快速拉升，尾盘成交量突然放大。从图 5-16 所示的 K 线图中可以看到，当时股价正好经历一波快速打压洗盘，受 20 日均线支撑开始向上反弹。尾盘的放量拉升预示着洗盘可能已经接近尾声，投资者遇到此类情况，可以积极关注。

第五章 主力的试盘

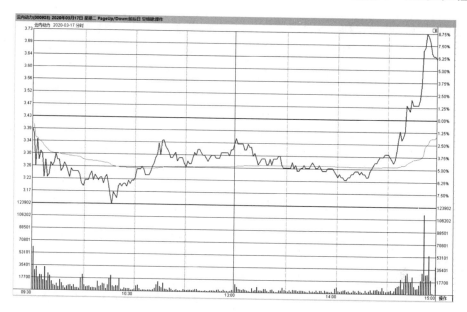

图 5-15 云内动力某日的分时图

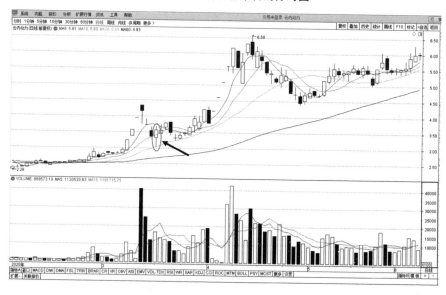

图 5-16 云内动力的 K 线图

四、尾盘打压

主力在试盘时，在收盘前半个小时或几分钟，会突然挂出一手或几手大卖单，以很低的价位抛出，把股价砸到很低的位置。主力这样做的目的是使当日的日K

线出现比较难看的图形，使持股者产生恐慌感，从而测试出盘中恐慌筹码的大小。

第二天开盘后，如果盘中出现比较多的恐慌性抛盘的话，就说明盘中持股者的信心不够坚定。在这种情况下，主力会先采取震荡的方式，把那些持股信心不坚定的散户清洗出去，这样有利于主力后期的拉升。若次日开盘后，盘中没有出现大批的恐慌性抛盘，则说明盘中持股者的信心比较坚定，在接下来的操作中，主力可能会立即进入拉升阶段。

图 5-17 所示的光电股份，早盘围绕前日收盘线震荡，到了下午 1:30 之后便开始加速震荡下行，以测试持股者的信心以及盘中的恐慌筹码大小。从图 5-18 所示的 K 线图中可以看到，当时正经历一波较大幅度的下跌行情，而当时又连续收了七根阴线，此时，持股者就不应该再盲目杀跌，而应该冷静分析，这种急跌是什么原因造成的，又隐藏着怎样的玄机。从其长期 K 线图来看，这时连续几根阴线，成交量并不算大，说明恐慌筹码并不多，出货的可能性也基本上可以排除。那么既然不是出货，就应该考虑是不是主力在探底，如果是的话，那么一旦探底成功，将会出现一波可观的反弹行情。因此，如果在较低的价位出现这种尾盘打压的话，投资者不妨暂时观望，一旦股价有反弹的迹象即可大胆入市。

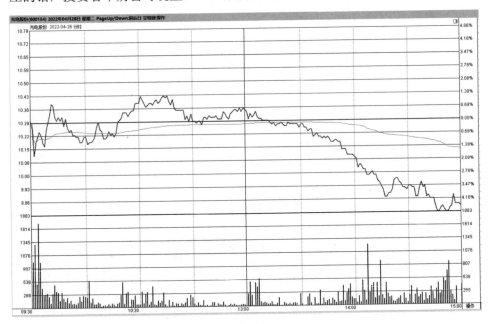

图 5-17　光电股份某日的分时图

第五章 主力的试盘

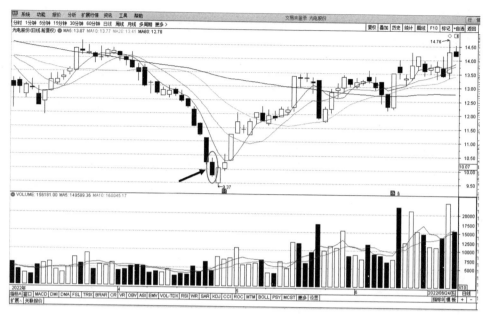

图 5-18 光电股份的 K 线图

五、盘中推高股价

在盘面上，主力先行挂单，对敲买卖推高股价。这个过程中产生的量，基本上是主力用自身筹码和自身资金进行的。若大多数人逢高减仓，那盘面抛压将会很沉重。

当盘面出现抛压沉重状况时，主力会有以下两种选择：一是快速拉高封上涨停板以减轻抛压，次日再恢复下跌；二是快速拉高而当天又快速滑落，目的是当天快速收回资金，以保持仓位的稳定性，图形上呈现放巨量的长上影线。接下来的几天任由股价飘摇下跌，让散户在该股中成交，使得该股行情继续冷淡下去，逐渐消磨持股者的耐心。

若在试盘中散户追高意愿强烈，主力往往就此展开拉升行情。在盘面中，伴随着成交量的不断放大，股价持续上升，并将在主力与散户合力买盘的推动下步步走高。

图 5-19 所示的焦作万方，早盘一直运行在前日收盘线之下，午后开盘不久便向上直线推升股价，直到涨停，从盘面可以看到，拉升过程非常顺畅，可见盘面抛压很轻，股价随后完全脱离底部区间，开始了向上拉升的过程(其 K 线图见图 5-20)。

图 5-21 所示的格尔软件，开盘后很快将股价推高至 8% 以上，但随后又震荡

103

下行，当天再无像样的反弹。这种做法明显是主力所为。从其 K 线图(见图 5-22)中可以看到，该股当时恰好在 60 日均线附近，进行了这样一次试盘以测试盘面，由于盘面抛压较重，随后又经过一段时间的打压洗盘，才开始继续向上运行。

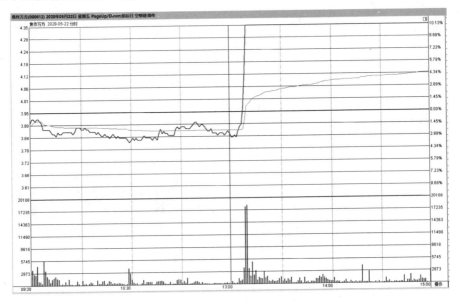

图 5-19　焦作万方某日的分时图

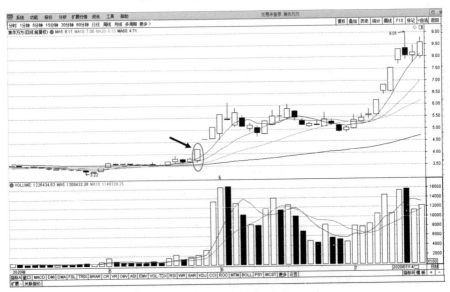

图 5-20　焦作万方的 K 线图

第五章 主力的试盘

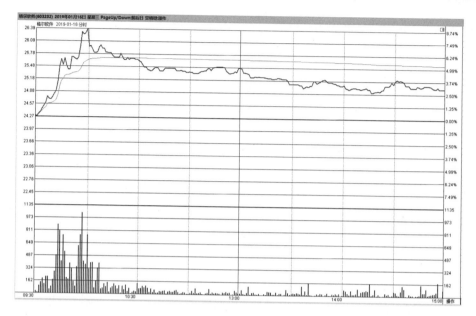

图 5-21 格尔软件某日的分时图

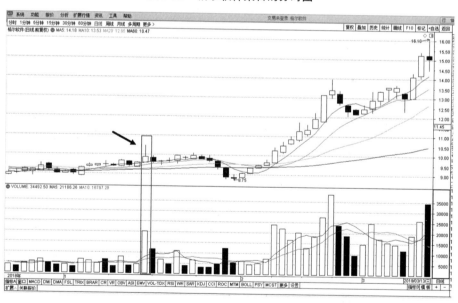

图 5-22 格尔软件的 K 线图

六、盘中打压股价

盘中打压股价,即在开盘后不久就用对倒的手法将股价小幅打低,以测试盘中浮动筹码的多少。若主力的打压未引出更大的抛盘，股价只是轻微下跌，并且成交量迅速萎缩，这就说明市场中持股心态稳定，没有大量浮动筹码；如果立即引来大量的抛盘出场，这就说明市场中持股心态不稳，浮动筹码较多，不利于主力推高股价，那么主力会稍做拉升后进一步打压股价，以刺激短线投资者离场，洗清盘面。从某种意义上讲，这与洗盘手法非常相似。

图 5-23 所示的有研新材，开盘前 15 分钟走势相对比较稳定，价格波幅也较小。随后突然打压，不但可以达到测试下方支撑力度的目的，也从另一方面进一步达到了清理浮动筹码的目的。从图 5-23 中可以看出，股价当天就收复了盘中的下跌空间，说明主力并不想让太多的散户捡到便宜的筹码。

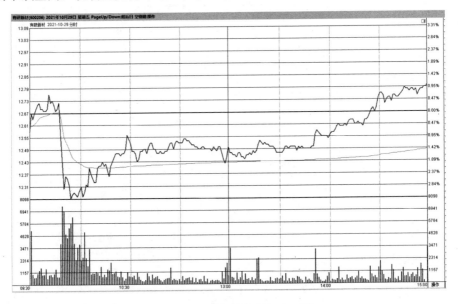

图 5-23　有研新材某日的分时图

总之，主力之所以要试盘，就是想通过试盘来测试一下盘面的情况，并根据盘面反馈回来的信息，确定下一阶段的操作策略。在主力试盘阶段，散户应该认真观察股价运行的动态，仔细分析，千万不要忽视了其在试盘时的盘面信息语言。若散户能够根据盘面上的信息对盘内外的形势做出准确分析的话，就可以判断出主力接下来的操作策略。

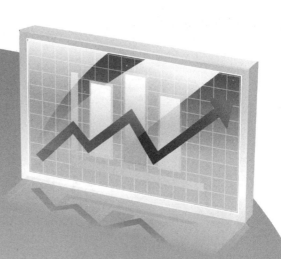

第六章

主力的洗盘

洗盘,是指主力运用各种手段和方法,摧毁和打垮普通投资者的持股信心,迫使他们交出手中的筹码,以降低主力进行股价拉升时的成本和压力的操作方式。通常,主力在坐庄的过程中都要经历洗盘的程序,只不过是时间长短的问题。本章我们就来介绍一下主力的洗盘手法,以及洗盘时的盘面特征。

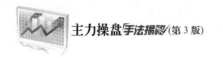

第一节 主力洗盘的目的

既然是洗盘，那么目的就很明确了，通常不外乎就是拉高投资者的平均持股成本，减少进一步拉升股价的压力，同时在高抛低吸中赚取一定的差价，以弥补拉升阶段付出的较高成本。具体来说，主力洗盘的目的主要有以下几点。

一、抬高市场成本

由于很多的获利散户都有落袋为安的动机，而获利越多，这种动机就越强。主力通过洗盘让看好者进场，让已获利又易动摇者离场。由于前者入场成本高，因此不会轻易抛掉，这就减轻了今后拉升时获利盘回吐的压力。经过几次拉升洗盘之后，大多数散户持股成本都很高，因而不会轻易割肉；而主力成本与股价相比已相当低，这就使得主力有时即使采取倒水式派发方式，也不致亏本。由于散户迟迟下不了决心，也为主力赢得了派发时间。

二、降低自身成本

主力如果采取从上往下的洗盘方式，还可以做高抛低吸的操作，进一步摊低持股成本，同时也可抽出资金用于后面的拉升。另外，还可以迷惑散户，使其弄不清主力今后的出货位置和主力的持仓成本。一些"高抛低吸"的短线投资者往往"高吸低抛"，如果这些投资者反手追涨，则会推高股价，减轻主力拉升的负担。再者，洗盘和出货在形式上有类似之处，这使得部分散户搞不清洗盘与出货的区别，错把出货当回调，当成补仓时机，促使已持股者都不出场，让主力成功出逃。因此，洗盘也有烟幕弹的功能，可以为主力今后出货做好掩护工作。

三、锁定筹码

当主力收集到一定筹码后，通过计算可以了解自己账户内控制某只股票流通量的比例。一般情况下，一只股票约20%的流通盘会由于各种原因处于冬眠状态，锁定性强，无论股价怎样变化都很难进行交易，因此这一部分筹码对主力无威胁意义。但是，我们知道股市买卖是自主的，在主力收集筹码的过程中，总有一些投资者自觉或不自觉地买入主力收集的股票，在主力完成收集阶段后，计算其掌握的流通筹码，若只控制流通量的30%左右，则说明约有50%的流通量控制在市场手中，这约50%的浮动筹码会对主力未来的拉高造成重大威胁。主力要想拉高股价，必须考虑对约50%的浮动筹码的锁定问题。

解决这些筹码的锁定问题只有两种办法：一是在不增持筹码的情况下通过震荡让市场自行锁定筹码；二是在不增加成本的情况下继续增持筹码，这样洗盘就成为拉升股价成功的关键。

四、坚定散户持股的信心

坚定散户持股的信心，让先出场者后悔，让持股不动者尝到甜头，今后在主力出货时，散户也可能会认为是洗盘，持股不动，从而就为主力出货提供了更宽敞的通道。

值得注意的是，在主力洗盘过程中，洗盘的时间和空间这两个因素是很关键的。

1. 洗盘时间

主力洗盘的时间如果太长，可能会招致过多的新投资者入场抢筹；但如果太短，往往又不能将浮动筹码清洗干净。所以，短线主力的洗盘时间往往在三天以内；中线主力的洗盘时间往往在一周左右；长线主力的洗盘时间往往在一个月左右，当然有时也会长达三个月。这要视当时大盘的状况而定，也与主力的实力和操盘风格有关。但洗盘不是出货，其间的成交量往往不大。

2. 洗盘空间

洗盘的空间，即主力洗盘过程中股价震荡的幅度。脱离底部之后的洗盘，股价回调的幅度通常可以用技术分析，如拉升高度的1/3、1/2等。在底部区域，股价往往会回落到前期的低点附近，形态上好像是多次探底和构筑多重底的味道。经过整理后的快速拉升，洗盘幅度一般在10%以内。有时候，以大幅震荡方式进行边洗边拉的洗盘，如果碰到了大盘短期的异常波动，其洗盘的最大幅度甚至可以达到30%～50%。

第二节　主力洗盘常用的手法

由于主力的建仓方式、操作风格会有一定的差别，所以他们采用的洗盘手法也会有所不同。下面我们就来简单介绍几种主力常用的洗盘方式。

一、打压式

打压式洗盘往往会在短时间内将股价打压至某一位置,且幅度相对较大,通常适用于流通盘比较小的或者业绩很差的个股。由于这类个股的稳定性差一些,购买这类个股的投资者大多数是抱着投机的心理,而散户投资者常常左右张望,并时刻准备逃跑。看好该股的新多头常常等待逢低吸纳的机会,通常也不愿意追高买入。作为主力,为了打击散户的持有信心,同时也使持股者有卖出的冲动,使这种悲观的情绪达到白热化状态,往往会利用散户对个股运作方向的不确定性来打压股价,使其急速下跌,营造空头市场氛围,以达到洗盘的目的。利用这种方式洗盘的好处是洗盘时间较短,而且力度较大。

图 6-1 所示的省广集团,就是采用了打压式的手法进行洗盘,股价自底部连续上涨,积累了较多的获利盘,为了洗掉这些不坚定的筹码,主力进行了较大幅度的洗盘,五连阴的下跌,对于普通投资者来讲,经受住这种洗盘方式的考验是很难的。但是该股在 20 日均线附近开始止跌企稳,随后走出一波上涨的行情。

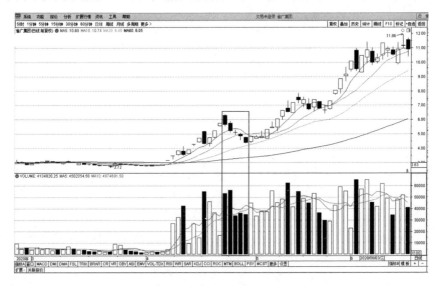

图 6-1 省广集团的 K 线图

图 6-2 所示的春风动力,同样采用了打压式的手法进行洗盘,并且洗盘手段更加极端。连续跌破 60 日、120 日均线支撑,往往会让投资者甚至一些经验丰富的投资者以为趋势已经反转。短线跌幅和跌速都会让投资者感觉到主力要进行出货,由于担心主力在出货,看不明白主力操作手法的散户往往会获利了结或者止损出局,而一旦洗盘结束,股价就会开始反转继续向上拓展空间。

第六章 主力的洗盘

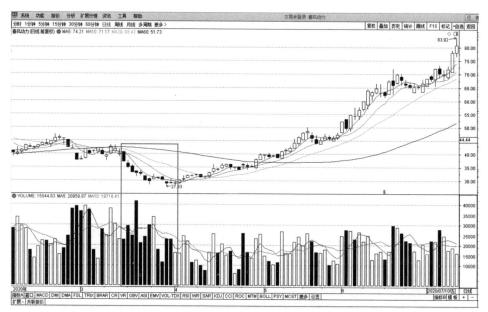

图 6-2 春风动力的 K 线图

60 日均线这个位置，对于判断主力是洗盘还是出货有着比较重要的参考价值。如果没有形成有效的跌破，则洗盘的可能性会更大；如果形成了有效的跌破(如距离 60 日均线的跌幅已达到 3%)，还要看其股价所处的位置。若自底部反弹以来，涨幅并不大，则可以适当地补仓待涨；若是在大幅上涨之后的高位区域，则应该考虑主力出货的可能性。

二、横盘整理式

对一些业绩优良的蓝筹股或者绩优个股，主力往往不会轻易采用打压式的手法进行洗盘，因为这类个股业绩优良，发展前景被广泛看好，会成为很多价值投资者的首选，有时候也会成为短线投资者赚取波段利润的工具。如果对这类个股采用打压洗盘，散户投资者和小资金持有者不但不会抛售原有的筹码，反而还会采用逢低买进的方法摊平和降低持仓成本，而其他在场外等待时机的大机构也很可能会抢走打压筹码，这样很容易造成主力的打压筹码流失严重的局面。这时，采用横盘式整理，以时间换空间往往会起到更好的效果。

股价呈现横盘走势后，很长一段时间波动幅度会较小，使得短线上几乎没有什么差价，而且横盘区间往往会出现成交量萎缩的情况。在此区间主力既不打压，也不拉升，一般是通过在委托盘上挂大压单、下挂大托单用以维持股价，以引导散户投资者充分换手，这就是平台整理洗盘的方式特征。为了克服市场绝大多数投资者没有耐心的弱点，以达到淘汰一批持股者出局的目的，主力通常会采取这种以时间换取空间的方法。一般情况下，整理的时间越长，上下振幅越小，洗得就越彻底，且以后股价上升的幅度也就越大。

图6-3所示的内蒙古华电，该股前期经过一段时间的上涨之后出现回落，开始了较长时间的横盘整理，其间成交量整体呈缩小状态，量价配合也比较好。但是长时间的整理无疑会将一些缺乏耐心的投资者清洗出局。对于这类个股，场外投资者不妨持币观察，一旦出现放量突破前整理平台的现象，可以立即跟进。但是若整理之前股价已经有了相当大的涨幅，那么投资者一定要谨慎操作。一旦后市走弱，跌破整理平台，则要立即离场。

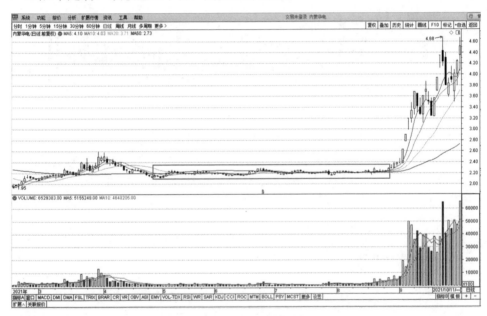

图6-3　内蒙古华电的K线图

平台整理的时间有长有短，整理的幅度也有大有小，成交量不一定会有明显的缩小。图6-4所示的王府井，平台整理的时间就比较短，整理期间股价波动幅度也不大，整理结束后又快速向上拉升，这类庄家一般讲究速战速决，没有太多的耐心陪散户玩心理战术，而这类个股在连续大涨之后，伴随着主力的撤退，往往会连续阴跌。

第六章　主力的洗盘

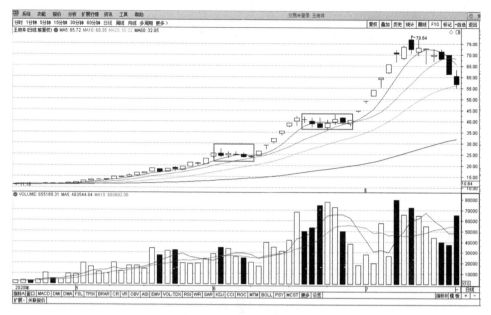

图 6-4　王府井的 K 线图

三、剧烈震荡式

通过盘中的剧烈震荡来洗盘，周期短，效果好，这也是目前很多主力乐于采用的一种洗盘手法。这种洗盘方式多用于对付那些每日盯盘的短线投资者的，由于分时线的震荡过于剧烈，会使得短线客认为此股主力急于出货。如果我们仅仅看每日的收盘价是很难理解这种洗盘手法的。

短线急拉暴涨的黑马股中，或者是一些股价已经累计有不小涨幅的长线牛股身上，经常会出现这种洗盘手法。当股价温和上升了一段时间后，盘中会出现突然的急挫，同时伴随着成交量的急剧放大，且从分时走势图上看形态较差。一些热衷于短线操作的投资者往往会获利出局，而当时盘中的日 K 线也是放量的长黑，部分中线筹码也容易受到欺骗误以为行情逆转而提前退出。但到收盘时，股价却又被拉了回来。K 线只不过是一根长长的下影线，股票运行的大趋势并未受到丝毫影响，并且次日往往还会高开，让卖出的投资者后悔莫及，甚至会再度追高买入，这样市场成本就会不断提高，从而形成助涨的动力。

图 6-5 所示的翠微股份以及图 6-6 所示的王府井，就是典型的通过大幅震荡进行洗盘的手法。盘中经历了大幅打压和大幅拉升，股价波动较大，往往会给散户投资者造成巨大的心理压力，使他们纷纷抛出手中的筹码。

图6-5 翠微股份某日的分时图

图6-6 王府井某日的分时图

短线主力由于采取拉高建仓甚至是接连涨停的建仓手法，为了在最短的时间内脱离其建仓成本区，通常会选择这种分时线大幅震荡的洗盘手法，使股价在每日收盘时都会创出新高。同时，由于盘中的剧烈震荡也会导致换手率增加，从而可以在短时间内提高市场成本，也有利于后期的进一步拉升和出货。

四、巨量阴线式

巨量阴线式洗盘就是利用放量阴线所形成的恐慌效果让短线投资者出局，在股价刚启动的时候和股价上升的途中都会出现这种洗盘手法。由于放量阴线的形态会使短线走势很难看，所以这种洗盘手法极快速有效。

为了恐吓意志不坚定的投资者，主力通常会利用这种长阴暴跌走势在图形上形成跌势行情，破坏技术图形，以达到临时多翻空。该法是一种二者兼顾的洗盘手法，主力利用此法既可以打低股价继续吸筹，又可以洗掉浮筹。当市场上的持股者争先抛出手中股票时，主力又会马上空翻多，顺势买入。一般来说，这种洗盘方法持续时间不长，只有几天而已。在日线组合上出现短期空头陷阱形态时，有的甚至只能维持半天时间，而且往往需要配合运用对倒的方法防止手中筹码流失。在股价的上升途中，利用这种巨量阴线洗盘的过程也基本相似。这种洗盘方式周期短，效果好，对普通散户杀伤力大。

图 6-7 所示的深天地 A，在持续的涨停之后，紧接着连续三根大阴线杀跌，给人感觉抛压较重。这些阴线很有可能会让前期获利且意志不坚定的投资者清仓出局。然而，随后股价并没有继续下探，很快收出一根阳线，在 10 日均线的支撑下继续向上震荡运行。

图 6-7　深天地 A 的 K 线图

再来看一个例子，图6-8所示的旗天科技，同样是在连续的快速拉升之后，突然出现一根放量的阴线，紧接着次日又是一根跳空的阴线，给人感觉抛压较重。这样的操作方式很有可能会让前期获利且意志不坚定的投资者清仓出局。然而，随后股价并没有继续下探，而是很快被拉起。

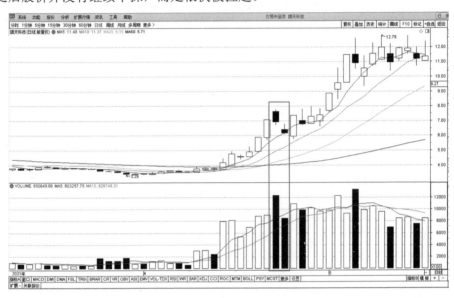

图6-8　旗天科技的K线图

识别巨量阴线洗盘的关键在于这种巨量效果能维持多久，成交量是否具有连续性。既然是洗盘，庄家不可能每日都通过大量对倒来制造巨量，因此如果某只股票出现了单日巨量阴线，则其随后几日内成交量是否快速萎缩就成了判别这种洗盘手法的重点。如果随后几日的成交量出现快速萎缩，这往往意味着庄家锁仓，也暗示那种单日巨量很可能是对倒洗盘所产生的效果，此时投资者不妨持股观望，不必急于出局。

五、跌停式

通常情况下，在股价上涨的过程中会出现跌停式洗盘。由于前期股价涨幅相对较大，并积累了不少获利盘，这时主力就会利用原有的股票大幅杀跌，让人感到像是主力在出货，从而引起散户的恐慌，急忙抛出手中的股票，而主力则一边杀跌一边吸货，从散户手中抢夺低价股票。

这种洗盘手法也存在着缺点，若露出破绽，无疑是送钱给别人。另外，主力必须有实力完全控盘才可以毫无顾忌地去跌停，否则可能会变得比较被动。

图 6-9 所示的中央商场，经过一段时间的上涨之后开始调整，到 60 日线附近有所支撑，但短暂几日之后便以跌停的方式快速跌破支撑，动作非常干脆，很容易造成恐慌。不过，接下来几日又快速拉起，到前高位置，再次采用跌停的方式进行洗盘。投资者在遇到此类走势的股票，一定不要着急卖出，要注意通过股价的位置、成交量以及各类技术指标进行综合分析。在该例中，股价经过长期的下跌之后，刚刚有起色，这时遇到这种突然打压，聪明的投资者一定不会放过这样的机会。因为主力不想在如此低的价位失去太多筹码，随后将极有可能出现快速反弹。

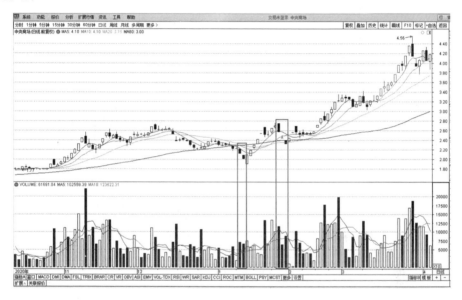

图 6-9　中央商场的 K 线图

单就该案例进行分析，我们可以看到，在底部反弹时，成交量有着明显放大，而股价跌停的位置自底部算起也并没有太大的涨幅。因此，持股的投资者大可不必惊慌；而持币者则可以继续观察，不妨从成交量进行分析。如果后面几天成交量有明显缩小，不妨大胆介入。稳健型的投资者也可以在股价突破整理前的高点时介入。

六、阴雨连绵式

阴雨连绵式洗盘，即在洗盘过程中，K 线走势图上收出一连串的小阴小阳线，整体趋势向下运行，但股价并不会大幅下跌，每天的振幅也不大，收盘价都比较接近。因为主力不想利用打压的方式损失太多筹码，所以才会采用这种方式。

图 6-10 所示的天音控股,在拉升前主力就利用了阴雨连绵的方式进行了一次洗盘操作,跌破 60 日均线之后企稳反弹。

图 6-10　天音控股的 K 线图

图 6-11 所示的杭锦科技,同样也是利用了阴雨连绵的洗盘手法。止跌企稳后,随着股价放量突破 60 日均线,便开始了反转向上的行情。

图 6-11　杭锦科技的 K 线图

七、借利空洗盘

利用利空消息进行洗盘可以达到事半功倍的目的。当上市公司出现哪怕一点点的利空消息,主力都会借势疯狂地进行打压洗盘,使股价一开盘就出现大跌甚至跌停,迫使一些胆小以及意志不坚定的投资者产生恐慌情绪,从而卖出手中的筹码,进而达到主力洗盘吸筹的目的。有时主力为了达到洗盘的目的,甚至还会编造一些所谓的利空消息进行散布。

当主力使用利空消息进行洗盘时,散户应该观察个股前期成交量的变化,如果成交量在前期没有特别放大,基本上可以确定是主力在洗盘。

第三节 洗盘时的盘面特征

主力在洗盘时,可以从均线、成交量以及 K 线当中观察到一些特征,比如在某条关键均线的位置处止跌反弹、成交量不断缩小等。下面我们将对此做简要的讲解。

一、均线特征

主力洗盘时股价多数时间在 10 日均线之上,并且股价偏离 10 日均线较远。在均线系统上,10 日均线、30 日均线、60 日均线均呈多头排列。有时股价会跌破 10 日均线,也会在其附近徘徊。一般横盘式触及 10 日均线即结束,然后展开升势。时间稍长的洗盘股价能破 10 日均线,而一般不等 10 日均线向下触及 30 日均线时便能结束洗盘工作。

二、成交量特征

主力洗盘时的成交量总体上是一个从量大到量小的缩量过程。在初期,那些胆小和不耐烦的股票投资者会被洗出,且成交量较活跃,所以此时成交量较大。到中期和后期,由于市场中意志坚定者不再出场,主力也毫无办法,市场中浮筹洗净,惜售特征明显,所以成交量不断萎缩,甚至直到地量产生才停止。

三、K 线特征

单日线和线组合形态复杂多变,阳线、阴线会不断交换出现,并且形成空头陷阱。震荡幅度加剧，阴阳交织，多空拉锯，形势不定，常常会出现带长上下影线的单日线或线组合，这些都是它的主要特征。股价一般保持在主力的成本区域之上。其他一些形态也经常出现，如穿头破脚、下跌三部曲、三乌鸦、乌云盖顶、射击之星、长阴墓碑、十字星、向下跳空等。

四、洗盘结束的标志

判断主力洗盘结束的技术分析，主要有以下几种方式。

(1) 在股价下跌的后期成交量大幅萎缩，这是洗盘即将结束的明显信号。这种情况的出现表明抛盘枯竭，获利盘、套牢盘、斩仓盘、场外买盘全部出局，浮动筹码基本清除干净，留下的都是意志坚定的持股者。他们不会被各种震荡致亏的可能性吓倒，或为获取到手的蝇头小利所诱惑。无奈之下，主力只有奖励他们，让他们在今后的行情中赚到那些信心动摇者赚不到的钱。

(2) 缩量之后再放量。部分主力洗盘时将股价控制在相对狭窄的区域内反复振荡整理，主力放任股价随波逐流，成交量跟前期相比明显萎缩，若某天成交量突然重新放大，则表明沉睡的主力开始苏醒，此时即可跟进。

(3) 下降通道扭转。有些主力洗盘时采用小幅盘跌的方式，在大盘创新高的过程中该股却不断收阴，构筑一条平缓的下降通道。股价在通道内慢慢下滑，某天出现一根阳线，扭转了股价下滑的势头，慢慢站稳脚跟，这就表明洗盘已接近尾声。

(4) 回落后构筑小平台，均线由持续下行转向平走，再慢慢转身向上。洗盘都表现为股价向下调整，导致技术形态转坏，均线系统发出卖出信号，但股价跌至一定位置后明显受到支撑，每天收盘都在相近的位置，洗盘接近结束时均线均有抬头的迹象。

第四节　洗盘与出货的区别

洗盘之所以会让很多投资者卖出手里的筹码，很重要的一个原因是它与出货的特征相似，很容易让投资者误判。本节我们就来具体分析一下洗盘与出货的区别。

一、洗盘时的技术特征

洗盘时的技术特征如下。

第六章 主力的洗盘

（1）股价依托均线系统支撑呈横盘走势，即使股价跌破支撑位也不会继续大幅下跌，而是在较短的时间内重返支撑位之上运行。

（2）股价依托均线系统，震仓洗盘完毕后，新的升势开始，随着股价的上升，成交量开始逐步放大，短期均线上穿股价支撑位，其后股价在短期均线之上震荡上行。

（3）主力通常选择跌破某个关键心理价位洗盘，如均线系统、通道和箱体、黄金分割位。

（4）股价从阶段性高位快速下跌至均线系统支撑位处即止跌，K线组合呈阴阳交错状，但均线系统中短期均线呈自下向上的有力支撑趋势，相对应的成交量每日变化不大。

（5）洗盘时在低位停留时间不长，只需少量买盘便可轻松拉高。

二、出货时的技术特征

出货时的技术特征如下。

（1）主力经过震仓洗盘后，快速拉升股价，股价连创新高，相对应的成交量放大，当股价面临突破前期高点(或创新高)时，相对应的成交量放出巨量，股价轻松越过前期高点。

（2）当主力的筹码派发得差不多时，股价重心已经开始下移，主力会借势将股价回调至某条均线处采取护盘行为，使股价暂时止跌并呈横盘走势，继续诱使散户投资者追入，从而继续派发筹码。此时相对应的成交量大幅萎缩，随后股价破支撑位一路下跌。

（3）借助于某些有意制造或刻意宣传的所谓利好，突然高开上扬，并上下宽幅震荡。

（4）当股价在高位呈横盘走势、股价重心开始小幅下移时，可运用短、中期均线系统。如果短期均线掉头向下跌穿中期均线系统，这就表明近期主力将开始高位派发筹码。

（5）出货过程，在盘中巨量抛售股票，但在尾市上拉升股价，以便为今后留下继续派发的空间。

总之，运用各种手段打击、摧垮散户的持股信心，迫使他们交出股票，以降低主力拉升股价的成本和压力，把看好该股的散户吸引进来，再把不看好该股的散户清洗出去，让多空观点、思维统一，是主力洗盘的最终目的。所以，主力洗盘时的股价下跌和调整，只是股价上升途中主力做出的一种假象。

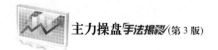

聪明的投资者应该看清大的趋势，只要整体的上升趋势没有改变，利空消息没有导致股价大幅下跌，就应该对后市有信心，继续投资该股票。在主力洗盘时，散户只有比主力更有耐心，才能享受到下一阶段快速拉升股价的福利。

第五节 主力洗盘阶段的跟进技巧

主力进行洗盘时，持币的投资者要学会把握时机及时跟进。下面介绍两种较佳的跟进时机。

一、洗盘后创新高跟进

有些庄股前期已出现一定的升幅，但尚未完成拉升目标，股价受某些突发性因素的影响大幅回调，日线图上呈现出较明显的头部特征，但股价并未一跌到底，企稳后很快将前期跌幅完全收复，并且还创出新高。

此类个股走势具有下列特征。

(1) 前期已出现一定涨幅，明显有主力介入运作，但上升幅度不大，主力只有有限的获利空间。

(2) 在大幅回落过程中成交量迅速萎缩。

(3) 在相对低位整理后能很快收复失地，股价重新回到下跌前的位置附近。

出现这类走势，往往是主力借大盘回调或是借利空因素顺势洗盘，前期高位并非主力目标位，洗盘结束后股价仍有望向上拓展。洗盘时形成的"顶"并非真正的顶部，主力先砸后拉，意在洗盘，而不是欲脱身而逃。在操作中，此类个股一旦突破前期高点，即意味着新一轮行情即将展开，投资者可以及时跟进，如图6-12所示。

二、60日均线跟进

主力洗盘一般以60日均线为限，即使跌破该线，由于受市场平均成本的牵引作用，也没有大的向下空间。所以当股价触及60日均线时，可以适当建仓。如果股价跌破60日均线，可以等待该股回升突破60日均线时再次买入。图6-13所示的丽珠集团，即是以60日均线为依托，向上震荡拉升。

第六章 主力的洗盘

图 6-12 珠海中富的 K 线图

图 6-13 丽珠集团的 K 线图

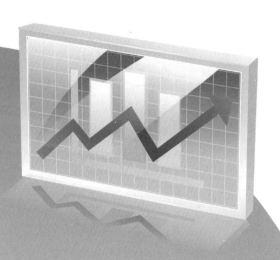

第七章

主力的拉升手法

与试盘和洗盘不同，拉升股价是主力坐庄必须经过的一个过程，没有拉升，主力就很难有足够的获利空间。因此，任何个股的主力都会在适当的时机，通过各种方式对股价进行拉升操作。只有经过这些步骤，主力才会实现赢利的目的。那么，主力究竟在何时拉升，在拉升前有着什么样的征兆，又会采用什么样的方式进行拉升，本章我们就来共同探讨这些问题。

第一节 主力拉升的时机

主力在拉升股价时，也讲究天时、地利、人和。选择一个合适的时机会使拉升操作具有事半功倍的效果。通常，主力会在以下几个时间段进行拉升操作。

一、利好出台时

利好出台时拉升股价往往可以借力使力。利好消息，包括市场面和公司基本面两方面的利好。比如，良好的年报公布、公布大比例分红、收购兼并、国内外大事及国家有关政策等。无论是哪一类利好，都可为主力创造拉升的条件，特别是一些实力不太强的主力正好可以顺水推舟，借助大势利好拉高股价。

主力在拉升股价时，一般会借发布利好消息来刺激股价攀升，同时也促使散户积极买进，以便其和主力一起把股价拉起来。而对于收购题材的炒作，几乎全靠消息配合。因此，主力疯狂拉升的最佳时机也就是利好消息发布的时候，甚至是在大盘狂跌时，也会不惜一切地拉升股价。有时为了刻意创造多次拉升的机会，主力会想方设法地把消息分成几次发布，或者把一个题材反复地进行炒作。图 7-1 所示的中通客车，就是因为核酸检测车的概念被资金利用进行炒作。

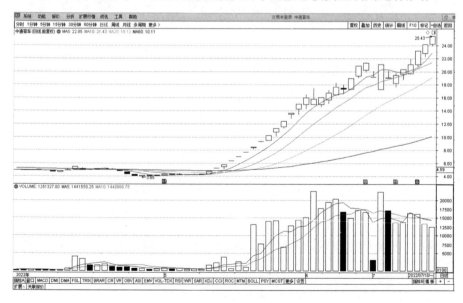

图 7-1 中通客车的 K 线图

由于主力往往能提前得知此类消息,所以拉升大多是在个股利好公布之前。因此,在具体操作时,投资者应该多关注对大盘走势利好的机会,而对于个股利好则需要保持谨慎。当主力利好兑现,散户如梦初醒、纷纷杀进时,往往是主力获利了结之时。

二、大势向好时

在大势向好的时候,市场人气旺盛,场外资金进场也非常积极。此时拉升股价的动作,会引起场外资金高度关注,并把它们吸引进来,与主力一起把股价推高,这样主力就可以达到事半功倍的效果。此时若将强庄股票拉得越快,就越能吸引场外资金的追捧。主力不需要花太多的资金,就可以轻松地拉高股价。

图 7-2 所示的西藏矿业,股价的整个拉升过程就比较顺畅自然。当然,也有逆势而行的,虽然有一些成功的例子,但成功的概率很小,通常是实力雄厚的主力,即便如此,主力拉升的过程也非常艰难。所以,在大势较弱的情况下,主力主动拉升股价的情况极少,这也是通常提倡"弱市中尽量不要介入个股"的主要原因。

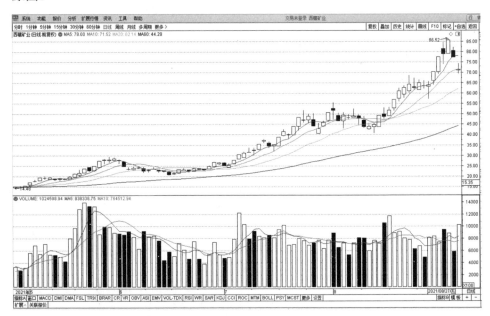

图 7-2 西藏矿业的 K 线图

三、热点形成时

板块联动一直是我国股票市场的突出特征,尤其是在大势向好时,板块联动的效应表现得特别明显。例如,国家要加大对"一带一路"的投资力度,那么整个传媒板块相关的股票都会因此而受益;国家要加大保障房建设力度和基础设施建设,那么,对与此相关的水泥行业也是一个利好。若主力操盘的个股与市场热点概念相关,那么主力的拉升动作就会具有很好的隐蔽性,这便于主力在把股价拉高时悄悄出货。

四、形态即将突破时

技术分析是投资分析的重要组成部分,很多投资者也热衷于对 K 线形态进行分析与研究。因此,在图形和技术指标构造完毕之后开始拉升,往往具有很好的市场效果。而主力也似乎更擅长构筑图形,然后利用这些图形的突破作为拉升股价的信号。比如,利用 W 底、三重底、三角形的有效突破作为拉升行情的开始。

图 7-3 所示的粤高速 A,就是在突破一个 W 底形态后便开始了向上拉升的行情。

图 7-3　粤高速 A 的 K 线图

图 7-4 所示的中交地产,则是在突破一个矩形整理平台后开始了继续拉升。

图 7-4　中交地产的 K 线图

五、在含权和除权阶段拉升

利用含权和除权拉升股价是最基本、最有效的方法之一。上市公司送股后,散户手中的股票数量会增多;股票除权后,股价就会变低。主力很多时候会利用这个除权时机,让散户产生想象空间,进而激活市场的跟风热潮,以达到庄家炒作的目的。

需要指出的是,很多股票确实存在着填权行情,这往往会发生在大势向好时,或者股价除权前涨幅不大的情况下,投资者要学会区别对待。图 7-5 所示的福斯特就实现了填权。

图 7-5　福斯特的 K 线图

第二节　拉升前的征兆与拉升的目标价位

主力在拉升前，往往会有一些不同寻常的盘口表现，通过这些异常变化，我们可以对主力的行为做出大致的判断，即时做出操作决策。而对于究竟能拉升多大幅度，往往也可以根据主力的持仓成本和持仓量进行简单的估算。

一、拉升前的征兆

主力在拉升前，盘面上往往也会出现一些异常现象。从这些异常现象中，我们可以捕捉到一些即将要拉升的股票。异常现象主要有以下几种。

1. 异常挂单增多

盘中经常出现一些非市场性的大单子。挂单的价位通常距离成交价较远，有时还会撤单，给人一种若隐若现的感觉，这是主力为了了解投资者的多空操作方向和跟风意愿而挂出来的单子。这种数量较大的单子由于远离成交价，因此成交的可能性也很小。

2. 较大卖单接连被接

总会有一些较大的卖单出现在庄股拉升之前，而一旦这些卖单的价位离成交价较近就会被主动性的买单打掉，这也是一种主力拉升前的征兆。一旦股价被拉起来，主力就会担心获利盘形成的集中卖压，而只要主力的资金状况允许，一般都会在拉升前尽可能地接掉一些稍大的卖单。

3. 盘中出现脉冲式上涨行情

所谓脉冲式上涨行情，就是指股价在较短的时间内突然脱离大盘走势而上冲，然后又很快回落到原来的位置附近，成交量有所放大但并没有明显的对倒痕迹。主力在正式拉升股价前通常要看市场的反应，所以就会采用这种方法进行试盘。另外，为了减轻拉升时的卖压，主力希望卖单尽量在股价拉升前抛出。

4. 股价受到压制

在大盘走势稳定时，个股盘中却出现了压迫式下探走势，但尾市往往回稳。这种走势是为了消磨持股者的耐心，盘中常常出现较大的卖压，股价步步下探，尾市却往往会回升，部分场内筹码会因为受不了这种折磨而选择离场。主力通过诱空将场内不坚定的筹码吸引出来，这样做无非是想加大建立短期仓位的力度，买到更多的低价筹码，然后再启动强势拉升行情。

二、拉升的时间

主力拉升股价的时间有长有短。若是主力在牛市里有节奏地控制拉升过程，这个周期就有可能是几个月甚至是1～2年；若是主力强行拉升，在没有获得市场热烈响应之前，其拉升的时间往往比较短暂，通常会控制在一周以内。当然，这里的拉升动作往往带有波段性，通常一个波段的拉升时间为1周至3个月。

三、拉升的目标价位估算

许多投资者跟庄，要么反应迟钝，被高位套牢；要么提前下轿，赚头不大。这其中一个非常重要的原因，就是不知道主力的目标位，也就是说，不知道主力会将股价拉到多高。显然，主力的目标位是其最高机密，一旦泄露则前功尽弃。但这也并非意味着散户就只能凭感觉、靠运气，因为根据坐庄长短、市价高低、盘子大小等因素，投资者也可以估算出庄股的升幅。

(1) 坐庄时间越长，升幅越可观。对于中线庄股来说，在升幅100%左右的位置会遇到较大的阻力。一般来说，升幅达到100%时属于高风险区。而短线的主力,由于控制筹码不多,有10%～20%的升幅即可达到坐庄目标。投资者可从走势图上观察主力坐庄的长短,如果某股主力介入很早且一直没有出货迹象,可推算此主力的目标较远大。

(2) 主力成本越大则越需要向上拓展空间。投资者应观察目前价位主力是否有获利空间,若目前价位并不高,则说明主力获利不大,自然就能放心持股。

(3) 小盘股上升空间广阔。流通盘越大,上升需要的能量越多,升幅自然受到限制,而真正升幅能翻几番的庄股,其流通盘一般不会超过1亿股。

具体来说,散户可根据下面的公式大概估算出主力的拉升目标位。

目标点位=持股成本×(1+主力持仓量占全部流通股的百分比×2)

例如,主力持仓成本是20元,持仓量是30%,那最低拉升目标就是:

$$20×(1+30\%×2)=32(元)$$

公式中的"2"是一个市场"信心系数",这个系数并不是固定不变的,若是该个股的盘面较好,持股人的信心足,则"信心系数"也可以提高到3,甚至更多。在最近两年的实战中,主力的实际拉升点位往往高于按照这个公式算出的最低目标点位。这里选2,是在正常情况下非常保守的算法,因为主力的利润是全部拉升幅度的50%,若是低于2,主力可能就没有多少利润了。

一旦把握了主力的目标价位,就要耐心忍受股价涨落的煎熬,与庄同行。但投资者要注意,主力坐庄是一个复杂的过程,需要天时、地利、人和的有机配合,当外部环境或内部情况发生变化时,主力也可能会调整目标价位,甚至提前撤庄。因此,投资者不可过于机械刻板,还需要结合其他指标进行全面判断。

第三节 拉升阶段的分类

拉升阶段的整个运行过程可以分为三个阶段,即初升阶段、主升阶段和拔高阶段。初升阶段就是处于刚刚脱离主力成本的初步启动阶段;主升阶段就是投资者梦寐以求的大幅攀升阶段,也是主力资金获取利润的决定性阶段;而拔高阶段就是强弩之末的阶段。

一、初升阶段

初升阶段总是不动声色,静悄悄地来临,很难让人察觉,自然也很难产生赚钱效应,这也是它的最大特征。总体来说,其重心会保持上移的态势,但过程难免会折磨人的意志。

为了提高把握突如其来的主升浪机会,不至于在拉升前被洗出去,对于这一

第七章 主力的拉升手法

阶段,投资者最好采用耐心潜伏的策略。

二、主升阶段

主升阶段是继初升阶段之后的拉升过程,是整个拉升过程的核心阶段,也是实现利润的最关键的阶段。主升阶段上涨起来具有持续性且干脆利落,这也是它的最大特征。当然,其中也会有回档,而这个回档往往出现在一波大的拉升走势之后。在拉升的过程中一般有很好的持续性,每天创出相较前一日的新高是常态,强势特征明显。虽然这个阶段看起来让人羡慕不已,但真正能把握住它的人少之又少。因为毕竟来到这个阶段必须经过前面让人受尽折磨的过程,能够顺利过关的已是少数,很多人可能在这个美好过程来临之前就已经下车了。

对于主升阶段来讲,散户投资者需注意在操作策略上要多一份信心和坚定,不要过于短视,好不容易遇上了赚钱的机会,就要紧紧把握住,而不是迫不及待地离场。

三、拔高阶段

拔高,不同于普通的拉升,它是主力为随后出货预留空间的体现。一般来说,在同期大盘走势较好、主力控盘能力仍旧较强的个股身上大多会出现拔高。

拔高走势其实也就是主力的一波拉升,但是,在性质上却与主力的普通拉升截然不同。首先,在普通的拉升过程中,主力的主要目的就是尽可能大幅度地推升股价,并没有明确的出货意图;而拔高走势则不然,在主力拔高的时候,主力已经明确了随后的出货行为。普通的拉升并不一定与主力的出货直接相连,但拔高走势却直接与主力的出货相连。其次,拔高走势并不是一个必然会出现的阶段,它与震仓阶段、洗盘阶段一样,是主力可以选择是否实施的一个阶段。通常只有在大盘走势较好的时候,主力才会在拉升之后顺势"拔高";而拉升阶段则不然,它是主力建仓之后必然要运作的一个阶段。如果主力不积极拉升,个股就不可能实现大幅度的上涨,从而也不可能实现低吸高抛、赚取高额差价利润。

对于这一阶段,不同的投资者应采取不同的投资策略。对于稳健型投资者来说,只要控制住心魔,当其是过眼云烟即可;而对于冒险型投资者来讲,要想参与进来就要注意把握尺度。

一般而言,在疯狂上涨的过程中,出会现量价背离,一开始还可以继续参与,若出现量价背离已有一段时间,同时量能开始萎缩,股价在相对高位上攻乏力,这时就需要高度警惕了,尤其是伴随着放量长阴出现,主力大逃亡已经接近尾声时,更是不可错过的逃出机会。

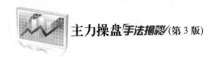

第四节　主力拉升的方式

由于建仓方式、建仓时间、持仓大小、操盘风格等因素的不同，不同的主力采用的拉升方式也有所不同。下面我们来简单介绍一下主力经常采用的几种拉升方式。

一、火箭式拉升

火箭式拉升方式就像火箭发射，股价一旦启动，便势不可当。通常情况下，一些实力强大且喜欢急功近利的短线炒家会采用这种拉升方式。当然，在长线主力的周密坐庄计划中也会出现这种拉升方式，但在市场中短线主力炒作题材股时更容易出现这种方式，这样可以充分调动投资者的贪婪心理。火箭式拉升刚起步时，即使投资者注意到了此股的上涨，也会由于它的快速启动而措手不及，希望等待回调时再介入，然而随后此股非但没有回调，反而出现了越上涨抛压越轻的状况，股价短期内的大幅上涨使其成为市场的焦点，财富暴涨的神话又一次出现在了投资者面前。当大量投资者再也忍不住诱惑而介入时，主力就开始反手做空大量出货了。由于主力成功地利用了散户投资者的投机心理以及贪婪心理，所以在拉升后还能全身而退。

有时候，主力这种拉升方式也会被长线主力采用。长线主力在行情飙升之前，往往要经过一年甚至更漫长的吸货过程。当时机成熟时，主力大多会在上市公司出台利好消息的配合下完成这种火箭式拉升。通过无量涨停板的方式拉升，在拉升初期市场买盘中只能看着它天天上涨停板而苦于无法买到。等打开涨停板时，股价在主力与短线投机买盘的双重作用下也许仍能再上一层，但这就需要结合当时的市场环境来判断了。

在火箭式拉升中，主力不仅要快速拉升，还要准备充分的拉升理由。快速拉升可以产生"暴利"效应，能更好地吸引场外资金介入，同时又可使股价迅速脱离主力成本区域；而借助某些利好消息来拉高，则可以使拉升操作变得更加容易。

图7-6所示的翠微股份，就是采用了火箭式拉升方式，其原因是控股子公司海科融通新增支付方式涉及数字货币概念。

同样，图7-7所示的王府井也是采用了火箭式拉升的方式，该股则是受益于公司拿下了"免税牌照"。

第七章 主力的拉升手法

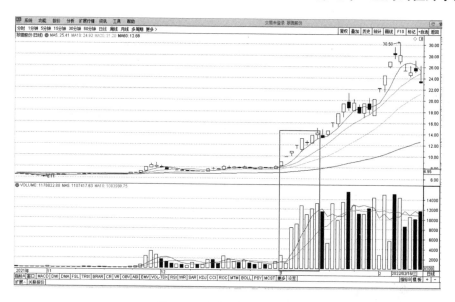

图 7-6 翠微股份的 K 线图

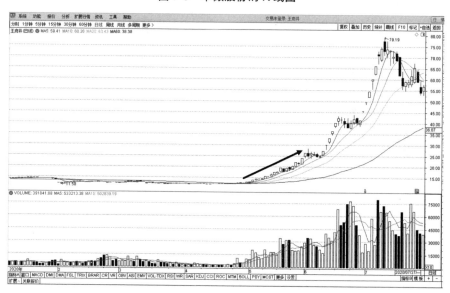

图 7-7 王府井的 K 线图

二、连续涨停式拉升

连续涨停式拉升方式上涨更凶猛，大有一去不回头之势。在日 K 线图上，多以"一"字形或"T"形连续涨停。然而，成交量此时却往往不一定要放大，

135

有的甚至是缩至地量。这种现象的出现，一方面，持股者出手的意愿不强；另一方面，也说明了庄家控股程度之高。当然也有成交量连续放大的，这很有可能是由于有利好消息要公布，庄家紧急建仓所致。一般而言，出现这种暴涨拉升的个股背后，都有着突发性或潜在性的重大利好。

图 7-8 所示的天保基建，以及图 7-9 所示的新华制药，都是由于一些利好的刺激而出现了连续涨停。

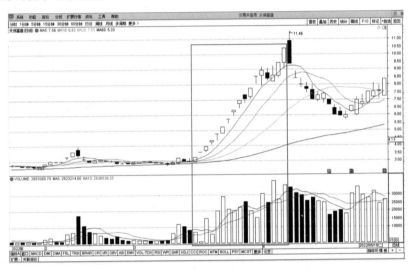

图 7-8　天保基建的 K 线图

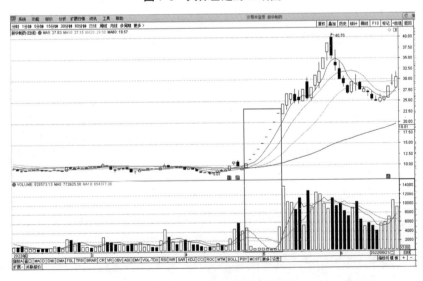

图 7-9　新华制药的 K 线图

三、阶梯式拉升

从形态上看，阶梯式拉升的过程就像是一个个台阶。每次股价的上涨都来自几天内的连续大阳线将股价拉高一个台阶，而每上一个新的台阶后就会采取平台或强势整理的方法，经过清洗或换手后再度拉升。采用这种方式拉升的主力实力都比较强，主力性格也比较沉稳老练。坐庄的个股往往也是基本面优良、后市存在重大题材的绩优个股。在操作过程中，主力会在股价拉到一定涨幅的时候采取横盘的方法，清洗下档跟进的获利筹码。在大盘或者人气较差的时候，主力又会适当地买进一部分筹码进行护盘；在大盘或者人气较旺的时候，主力会适时抛出一部分筹码压制盘面。

当股价长时间处于横盘状态时，早期跟进的获利盘通常会表现得焦躁不安，由于缺乏足够的信心往往会草草出局。而意志坚定者则继续持仓，再加上看好后市的新多头，此时会兴高采烈地入场买进。这样经过充分换手，采取不断提高他人投资成本的方法，就可为下一波拉升行情打下坚实的基础。反复运用这种手法在日K线形态上就会形成股价像楼梯一样逐级上升的趋势。

图7-10所示的济民医疗，就是典型的阶梯式上涨的拉升方式。整个过程简洁有序，体现了主力稳健的操作风格。

图7-10 济民医疗的K线图

四、震荡式拉升

震荡式拉升方式主要采取高抛低吸的方法,以时间换取空间为手段,通过利用波段操作赚取利润差价进行运作。股价拉升一段距离后,就会反转调整一段时间,有非常明显的边拉升边洗盘的特点。利用震荡式拉升股价,主力不仅可以不断地降低持仓成本,调整筹码结构,而且还降低了散户的赢利空间,提高了其持仓成本。

这种拉升方法可以将各类风险化整为零,这样既回避了来自管理层的监管压力,又节约了资金成本,还能回避由于基本面过于一般,且没有重大题材,而招致猜疑等不利因素。通常情况下,震荡式拉升的低点会逐步走高,股价重心会逐步上移,成交量也会随着股价向上震荡而放量、股价向下回落而缩量。

通过震荡式的拉升,主力不仅可以得到散户的廉价筹码,还可以在震荡过程中消化前期的套牢筹码,同时促使后期的跟风盘获利回吐,让流通筹码在某个区域充分换手,从而不断地提高市场持有者的总体成本。由于震荡式拉升的股票都会有一定的震荡幅度,这就给散户带来了高抛低吸的短线投机机会。对于中长线散户来说,如果把握好这个机会,也可以在每次震荡的下限逐步吸纳相对廉价的筹码。

图 7-11 所示的湖北宜化和图 7-12 所示的藏格矿业,都是采用了这种震荡式拉升的方式将股价逐步向上推移的。

图 7-11 湖北宜化的 K 线图

第七章 主力的拉升手法

图 7-12　藏格矿业的 K 线图

对于这种拉升方式，散户在操作上要注意把握节奏。当股价震荡上行后，马上要进入震荡向下的走势时，往往会出现一些像长上影 K 线或高开低走的阴线等形态；而每次股价下探到低点后，通常也会在 K 线图上出现如倒垂头、十字星等形态的止跌信号，同时成交量会出现缩量的情况。若出现止跌信号的第二天能收一根阳线，这时就是买进的时机。

第五节　拉升时的盘面特征

主力在拉升时，K 线形态、成交量变化、均价线走势、技术指标及盘口表现等都会表现出不同的特征。下面我们分别从这几个方面简要了解一下拉升时的盘面特征。

一、拉升时 K 线特征

主力拉升强调快速，且具有爆发性，经常走出独立于大盘的走势，在拉升初期经常出现连续轧空的走势。在拉升阶段中，K 线具有良好的形态，如均线系统呈典型的多头排列、主要技术指标处于强势区、日 K 线连续飘红收阳。主力经常在中高价区连拉中、长阳线，阳线的涨幅实体大于阴线的跌幅实体；阳线的数量多于阴线的数量；日 K 线经常连续收阳，股价时常跳空高开，并且不会轻易补缺口，日 K 线形态中常出现红三兵、上升三部曲、大阳 K 线等。经常在通过前期某一阻力位时进行震荡整理，以消化该阻力位的压力，而且突破之后又将加速上扬。

二、成交量特征

通常在拉升阶段，成交量整体会呈现出持续稳步放大的状态，整个过程中呈现价涨量增、价跌量缩的特点，价量配合良好。在此期间，成交量整体上保持活跃状态，市场投资者积极踊跃。当然，主力由于持仓力度不同，有的会采用放量拉升，有的会采用缩量拉升。

放量时产生的量一部分来自主力的大手笔对敲，另一部分则来自短线客对短线客的对流筹码互换。缩量拉升表明筹码的锁定性非常好，整个群体一边倒，在一致看好的前提下，主力对敲几笔就能够把股价拉高。

图 7-13 所示的钱江摩托，在量价关系上就呈现出量增价涨、量缩价跌的走势。

图 7-13　钱江摩托的 K 线图

三、均线特征

均线系统在拉升时呈典型的多头排列，5 日、10 日均线上升角度陡峭，一般大于 45 度以上。当 5 日、10 日、20 日、60 日均线呈有序多头排列时，股价往往表现为主升浪，短中期升幅可观，如图 7-14 所示。

第七章　主力的拉升手法

图 7-14　长源电力的 K 线图

四、技术指标特征

股价拉升时各主要技术指标形态良好，大多数技术指标处于强势区，图形走势很漂亮。

如图 7-15 所示的王府井，在拉升阶段，MACD 指标就一直在 0 轴线上运行，明显处于多头行情，这就表明多方力量比较强大。

图 7-15　王府井的 MACD 指标线图

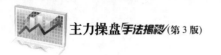

五、盘口特征

主力在拉升阶段盘口上经常会出现以下特征。

(1) 向上进攻时,主力经常在买一、买二、买三和卖一、卖二、卖三位置上同时挂出大单子,成交量大幅放大,把买卖价位不断上移。个别个股在分时图上沿45度角上涨。

(2) 经常在中、高价区连拉阳线。这样可以使持股者更加看好后市,坚定持股信念,等主力出货时仍然不怀疑。另外,连拉阳线,股价大幅上涨,容易聚敛人气,从而使得主力在高位派发时仍有人接手。

(3) 从分时图上看,开市后不久或收市前几分钟,就会出现拉升现象。若在开市后30分钟内即拉升涨停,有利于主力以较少的资金达到拉升的目的。

(4) 经常跳空高开形成上攻缺口,且短线不予回补。这是因为持股者绝大部分是中长线投资者,此时股价涨势正旺,他们是不会轻易卖出手中股票的;还有一小部分刚介入的短线跟风者,由于持股成本高,几乎没有或者很少有盈利,所以短期内也不会轻易卖出股票。另外,主力还没有达到拉升目标,也不会大量派发,即使出货也只是很少一部分。

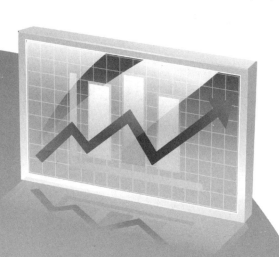

第八章

主力的出货手法

在主力坐庄的过程中，出货套现是最后一道程序，也是非常关键的一个环节。任何一个主力，只有将手中的筹码派发出去，才能使账面盈利变为实实在在的获利。从理论上讲，主力只要获利就可以出货了。但实际上，由于主力资金庞大，无法像散户一样自由出入，因此要想顺利地将筹码兑换，就需要想尽各种办法让散户接下他们手中的股票。本章我们就来探讨主力的出货手法。

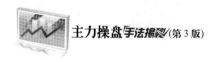

第一节 主力出货的时机选择

主力在何时出货,往往在坐庄之前就有了周密的计划。同样,在出货时机的选择上,也是很有讲究的。

一、主力出货的时机

通常,主力会选择在以下几种情况下出货。

1. 目标股价到达

主力在坐庄前都会制定一个目标价位,尽管这个价位可能会随着市场的变化而有所调整,但不管怎样,当主力达到了这个目标价位时,通常会严格执行操盘计划,即当股价达到主力的目标价位时,就开始准备出货了。

2. 股价严重脱离内在价值

股价被严重高估,即目标股的股价涨幅过大,严重脱离了其真实的内在价值,有时甚至超过其内在价值的十几倍乃至几十倍之多。这是主力拉升到目标价位的另一种形势,是主力撤离的最佳时机。因为他们比谁都清楚,股票的泡沫早晚要破掉。

3. 利好消息频传

主力经常采取的一种出货手段就是利用利好消息掩护其出货。例如,股价在上涨的过程中很少见到正面消息,但是在股价拉升到一定高度之后却有过多的利好传言,那么投资者就要警惕主力可能会利用这些消息出货。

4. 该涨时不涨

若某只股票在基本面和技术形态等方面都看好的情况下却出现滞涨,特别是股价有了一定升幅之后出现这种情况,投资者就必须警惕,此时主力很有可能会出货。另外,如果公布了预期的利好消息,基本面看涨,但股价却不涨,这也是主力出货的前兆。

5. 量增价不涨

股价经过一段时间的上涨,涨势突然趋缓,给人感觉像是在蓄积力量继续向上攻,并在某一天成交量突然放大,但股价却没有涨,甚至有小幅下跌。这时散户就要注意了，一旦股价跌破关键价位，无论成交量是否放大，都应该考虑出货，因为对很多主力来说，在出货的早期是不需要成交量的。

二、主力出货的时间和空间

主力在出货的时候都需要一定的时间和空间，但是决定所需时间的长短和空间的大小的因素很多，比如，手中筹码数量的多少、市场环境的好坏等。

1. 出货时间

对于短线主力来讲，出货的时间可能会非常短，甚至可以在2～3天将筹码清空。通常情况下，主力出货所需要的时间为半个月至3个月，高位震荡出货的时间在半年以上，有时更长。主力以跌停板砸盘出货的时间一般在两个星期以内，而以快速拉升的方式出货的时间为1个月左右。

2. 出货的空间

股价前期上涨幅度非常大，如果股价达到高位，且成交量显著放大，这就说明股价已达到了出货的目标价位。主力出货所需的空间最低在20%以上，累计上涨幅度越大的股票，所需的出货空间越大。上涨数倍的股票，所需出货空间就要更大一些，一般需要股价再拉升30%～50%的空间，或者砸盘跳水20%～30%的空间才能顺利出货。

三、如何判断主力的出货点

主力在拉升股价时有一定的目标点位，这个目标点位实际上就是主力的出货点。主力想要出货必须根据三个方面的情况来设定自己的出货点，即主力的持股成本和持股量、跟风盘力量的大小以及历史成交量的分布情况。

1. 主力的持股成本和持股量

决定拉升点位的最基本因素是主力的持股成本和持股量。在第七章中，我们已经介绍了如何根据持股成本和持股量来计算主力的拉升目标点位，而这个目标点位实际上也是主力开始出货的一个点位。

2. 跟风盘力量的大小

跟风盘力量的大小是主力能否控制拉升目标点位的最关键因素。有时候主力也无法事先确定目标点位，这要视市场上跟风盘的情况而定。主力在拉升过程中会不断地测试跟风盘的力量大小，并希望力量越往上越大。若主力把股价拉到了目标点位后，跟风盘很轻，这就说明市场对这只股票的上涨反应冷淡，在这种情况下出货一般不会太顺利。此时主力往往会想方设法吸引跟风盘进场，比如操纵股价重新跌回去蓄势，或者一直继续向上拉升。而若跟风盘比较理想，主力就能够在数天之内将大部分筹码顺利脱手。此时的日 K 线一般为带长上影的阴线，并且放出巨量，具有明显的头部特征。

3. 历史成交量的分布情况

主力在制定目标点位时还必须考虑历史成交量的分布情况，尤其是在低位吸筹完毕向上拉升的过程中，高位若累积着大量的历史套牢盘，主力则需要谨慎对待。若主力的财力不够，也不想打持久战，那么一般会将拉升目标点位定在套牢盘的价位之下；若主力志存高远，实力雄厚，肯定会突破历史高位，那么主力化解那一大堆套牢盘的最有效的方法就是在这个区域进行一次震仓。

第二节　正确理解主力出货

对于普通散户来讲，出货是非常容易的一件事情，对股价几乎产生不了实质性影响，除非是由于某个重大利空而导致散户大量抛售。而对于主力来说则完全不同，由于他们手中握着大量的筹码，对股价的运行趋势势必会产生较大影响。但并不是说主力出货时股价一定会下跌，或者说运行趋势就会向下，因为很多时候主力是在拉升的过程中完成出货的。下面我们对此做些简要的说明。

一、出货与股价涨跌的关系

很多投资者都认为，主力出货会导致股价下跌，其实这是一种误解。这种观点从长远来看是正确的，因为主力一旦开始出货就意味着主力的筹码开始减少，而散户的筹码则开始增多。但任何事物的发展都有一个过程，主力出货绝不是几天甚至几周能完成的，主力在开始出货后的相当长的一段时间内仍然能够很好地掌控个股的走势，而且因持仓巨大，其出货空间不可能完全集中在最高位进行。在股价上涨途中，如果大势较好，主力就很有可能提前派现一部分筹码，不明了的投资者一旦发现主力的这种派现行为就匆忙抛出手中筹码，这就很有可能会错过后面的大好行情。所以，对于普通投资者而言，当发现个股已经涨幅不少时，完全可以不必恐高，因为股价的后期涨幅仍有可能在主力使用手中余筹的控制下超出我们的预料,等真正发现主力大量集中出货时再出手也不晚。

图 8-1 所示的豪能股份,图中标示的部分实际上就是主力出货的一个阶段。从图 8-1 中可以看出,股价前段一直在进行拉高,这期间实际上已经完成了部分筹码的抛售,而后面阶段则出现了大幅度的震荡,涨跌幅度都很大。这一系列变化实际上是主力在利用盘中操盘技巧进行出货导致的。

图 8-1 豪能股份的 K 线图

二、出货与股价趋势的关系

在股价下跌的途中,由于投资者认为主力已经被套其中、会采取护盘或拉升等自保行为,所以不少投资者往往喜欢进行抄底操作。但实际上,主力经常会在下跌途中出货,这时虽然股价相对前期的高点可能已经有了不小的跌幅,但由于主力入庄时间早、建仓成本低,而且主力很可能已经在高位套现了不少筹码,所以此时主力即使是在这个相对的低价位杀跌出货,仍然可以获利不菲。

第三节 主力常用的出货方式

主力出货绝不是一朝一夕的事情,也不是简单地拉起来就出货。经验不多的投资者总认为主力出货就一定要跌,其实这种理解是错误的。主力不但需要一定的时间和空间来完成这一道出货的程序,而且出货时间的长短和空间的大小还要受到多种因素的制约，如持股的数量、大盘走势好坏、操盘手法等。主力的类型不同，采用的出货方法就可能完全不同，而不同的出货方法又会导致出货时间的长短不一。下面我们就来了解一下几种常见的出货方式。

一、拉高出货

主力在大市将要见顶时，一般会采用拉高出货的方法。此时大盘人气高涨，群情激昂，正是买气最盛时。出货时，主力会再利用个股利好消息吸引买家，并在上档每隔几个价位放上几笔大的卖单，然后在人气鼎盛时，率先小批量买进，以此来刺激多头的人气和买气，引诱跟风盘去抢上档的卖单。在股价快速上涨的过程中，主力就会不知不觉地将筹码批量地转换到散户手中。

主力利用对股价的大幅拉升，增加出货空间；利用散户追涨的心理和行为，将大批量筹码在短时间派发给散户，然后利用反弹继续拉高派发。主力运用这种手法出货时，一般是正值大市见顶之时。此时，主力通常会先利用每日开市后的几分钟将股价高开，以此吸引散户追涨而出货。

图 8-2 所示的泛海控股，就是在大盘即将见顶时连续向上拉升，并在此期间完成了部分筹码的派发。

图 8-2　泛海控股的 K 线图

二、高位震荡出货

所谓的高位震荡出货，就是指主力将股价拉至目标位置，然后通过在高位震荡的方式将筹码派发出去。这种方式通常适合业绩优良的大盘股和有业绩支撑、可以在高位站稳的股票。在震荡式出货时，每天总会有不少散户进场交易。主力则逐个对进场散户进行派发，耐心抛售自己手里的筹码，慢慢地把货出完。

从日 K 线来看，由于主力每天都会在高位进行大幅的震荡，所以大多以上影线或者下影线的形态收盘，而盘中主力也通常会采用拉高诱多，诱使散户接盘。或者在连续打压两天之后迅速拉起股价，如此反复，让散户摸不着头脑。

但是，这种出货方法有一个前提，即必须大市向好，且出货行为不能太急，因为筹码兑现需要一定时间。散户若发现其股价在一个相对较高价位大幅波动，股价却基本停滞不前，则应考虑主力有可能会出货。

图 8-3 所示的迪生力和图 8-4 所示的中兴通讯，都是在高位采用了震荡出货的手法，完成了大部分筹码的派发任务。从图 8-3、8-4 中的 K 线形态可以看出，这一阶段上下影线频繁，股价震荡较大，放量滞涨现象突出。投资者在高位遇到这种情况，就应该考虑离场了。

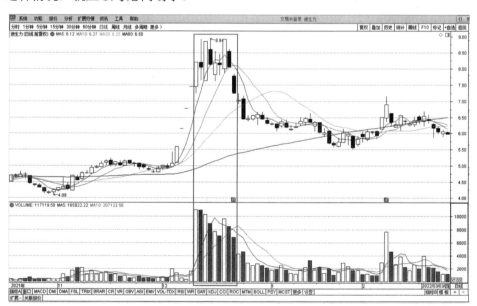

图 8-3 迪生力的 K 线图

图 8-4 中兴通讯的 K 线图

三、快速下跌式出货

快速下跌式出货是一种杀伤力非常大的出货方式。这种方式下跌迅速,且很少会有反弹,使得在高位介入的投资者根本没有解套的机会。一般主力在持筹不多且持仓成本很低时常用此法,因为预测后市即将发生反转,或者是获知了重大利空消息,提前出货,主力会迅速撤离。在日 K 线图上,股价一般会连拉数根阴线,对股票本身也会造成极恶劣的市场影响,人气一时难以恢复,需要一段时间的修整。这种方法由于派发时间短、下跌速度快,部分主力无法全身而退,而只有在后市大市回暖时拉高自救,才能完成最后的出货任务。

采用这种出货方式的个股,股价前期一直处于强势上涨之中,并且上涨幅度过大,股价已炒至较高位置,利润已翻倍甚至翻几倍。

图 8-5 所示的浙江鼎力,就是采用了快速下跌式的出货方法。这种方法表现为股价突然之间下跌,主力趁机出货,若散户出货稍晚就会被套牢,主力的整个出货过程十分顺畅。在实际操作中,对于高位放量连续收阴的个股,投资者最好不要抱有太大的希望去等待反弹,或者参与抢反弹,应以果断出局为宜。

第八章　主力的出货手法

图 8-5　浙江鼎力的 K 线图

四、诱多出货

当股价大幅拉升后，很多散户的购买意愿就会越来越弱，这样主力就很难卖出手中的股票。为了能够顺利地将手中的筹码卖出，主力通常会选择一种颇具风险的出货方式，即诱多出货。简单来说，就是在卖出受阻后，为了吸引跟风盘进来，主力不得已将股价再次拉升，从而达到出货的目的。

但是利用这种方式，如果大盘走势变得恶劣，就很难再次拉高。另外，若此时出现的顶部是大盘顶部，这种反向的上涨就很有可能把自己套住，而帮散户赚了钱，所以说这是一种带有风险的方式。从其风险性来看就可以知道，该走势中的股价拉高上涨，其时间肯定会很短，且高度不会太高。

另外，股价在下跌的途中，有时主力也会借某一短暂的利好，或者故意制造一些所谓的利好进行短暂地向上拉升，以吸引喜欢抄底的投资者跟风买入，从而达到出货的目的。

图 8-6 所示的振德医疗，股价上升到一定高度之后，先是进行了短暂的回调，这很容易让投资者以为是主力在洗盘。随后的放量拉升，突破前期高点，更会让投资者认为主力已经完成了洗盘，开始新一轮的拉升操作。然而事实却是，在向上突破前高之后，并没有继续展开行情，而是很快回落，并且丢掉了前日的涨幅，而主力则在整个过程中不断地向外派发筹码，直到完成收尾工作后股价一路下跌，整个过程可谓是完美至极。

图 8-6 振德医疗的 K 线图

再来看图 8-7 所示的莱克电气，同样采用了诱多的方式进行出货。股价在突破前高后短暂停留了几日，随后一路震荡下行。

图 8-7 莱克电气的 K 线图

图 8-8 所示的深南电 A，则是在下跌的过程中偶尔向上快速反弹，利用触及或者突破 60 日均线进行造势，但都只是昙花一现，改变不了继续下跌的命运，毕竟主力的目的是出货，偶尔的反弹，也只不过是借点小利好完成一次拉高出货而已。

图 8-8　深南电 A 的 K 线图

五、涨停式出货

利用涨停出货可以说是拉高出货的最高境界，也是一种比较高明的派发措施。这种方式既可打开上升空间，又可节省"弹药"，还可以引起市场追涨的轰动效应，派发起来较为轻松。

主力将股价拉高时，股价就会进入加速上涨阶段，并且上涨速度越来越快，甚至出现飙升的行情。观望的跟风盘忍受不住股价快速上涨的诱惑，获利的跟风盘也由于利润的快速增长而滋生出贪婪的心态，从而产生惜售心理，而主力正是抓住了这个机会，以巨量的买单将股价封至涨停，从而使多头气氛达到高潮。此时，后进的跟风买单纷至沓来，但股价已被牢牢地封在涨停位置。

在涨停价格处挂单，买单价格是一致的，虽然无法确定成交的优先顺序，但在挂单时间上却有先后之别。时间上处在前列的是主力的巨量买单，排在后面的是中小散户的跟风盘。在这种情况下，主力悄悄撤出挂在前面的买单，再将这些买单挂在跟风盘的后面。从盘面上看，涨停板上的巨量买单数量并无变化，甚至还有所增多。调整买单位置之后，主力会推出大量的小批量卖单，逐步将手中的筹码出让给排列在前面的挂买单的散户。

主力常利用以下两种做法进行涨停出货。

(1) 在涨停板上不用大买单接盘，以免吃得更多，而是采用对倒，分批买进上方自己的大抛盘，引诱散户追涨，并且会不时地对下方的承接盘抛售。涨停板时不时被打开，说明主力出货意图强烈。

(2) 涨停板上仍有巨额数量的买单，成交量也很大，实际却是主力对着别人的买盘抛售。因此，高位涨停板时，若成交量很大，一般都是主力出货所致。

图 8-9 所示的深圳能源，就是利用涨停板完成大量筹码的派发的。从图 8-9 中可以看到，这期间涨停板不断地被打开，开板时间也比较长。从 K 线图(见图 8-10)中可以看到，其前后几日的成交量也处于较大的范围，说明这段时间主力已经完成了大多数筹码的出货任务，股价随后便开始了震荡下跌的行情。

图 8-11 所示的飞亚达，早盘一直在分时均线的支撑下震荡上行，这期间成交量也保持较高的量能，造成放量向上突破的假象，午后开盘则直接将股价推至涨停位置。但从涨停期间来看，这期间主力却在偷偷出货，在尾盘更是大肆抛售。图 8-12 中所示为其当日 K 线图所处位置。

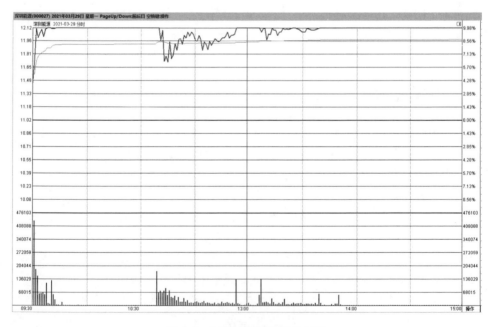

图 8-9 深圳能源某日的分时图

第八章 主力的出货手法

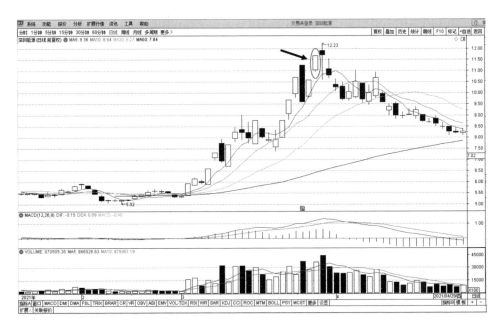

图 8-10　深圳能源的 K 线图

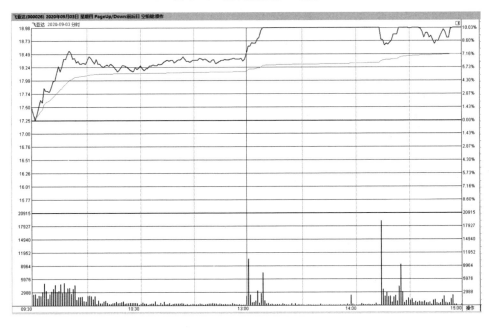

图 8-11　飞亚达某日的分时图

图 8-12 飞亚达的 K 线图

六、跌停式出货

跌停式出货分为开盘即跌停和盘中打压至跌停两种情况。不管哪种情况,一只个股跌停都是有一定原因的:要么是主力的资金链出现问题,要么是大盘走势非常不好,或者个股出现重大利空消息,市场中没有散户接盘,主力只有靠压低股价快速达到出货目的。当出现这种走势时,投资者应该尽快清仓离场。

图 8-13 所示的美好置业,股价前期被拉升到一个高度后便开始了较长时间的平台整理,随着一根大阴线跌破平台,便接连出现跌停的走势,高位买入者全线被套。实际上该股在平台整理期间已经在逐步出货,而利用跌停出货时,往往就已经到了出货的末期。

图 8-14 所示的中成股份,同样是采用了跌停式出货的方式。从这两只个股可以看出,前期股价都是经过了大幅度的上涨,主力获利丰厚的情况下采用这种策略,通常在短期内很难有反转的迹象。因此,一旦高位出现跌停的走势,投资者就应该不计成本地抛售出局。

第八章 主力的出货手法

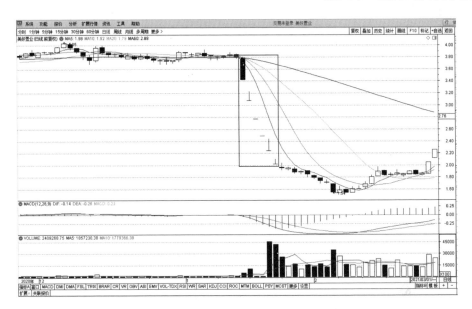

图 8-13 美好置业的 K 线图

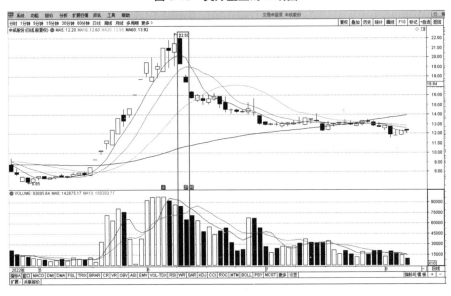

图 8-14 中成股份的 K 线图

七、假填权出货

个股除权后，若是投资者在 K 线图上没有进行复权的处理，那么股价往往会处在很低的位置，股票市盈率则维持不变。对于持股者而言，"填权"的概念往往会使其安然不动,以等待更好的出货时机;而对于持币者而言,一旦优质股票的价格变得如此"低廉",往往就会产生购买欲望。于是主力就开始抢先派发筹码,其股价即可在先填补部分缺口后再开始下跌,也可以不填补缺口就开始连续下跌,将幻想"填权"的投资者甩在高位。

图 8-15 所示的派林生物,正是利用了除权后假填权的骗术进行出货的。从图 8-15 中可以看到,除权之后的放量上攻是故意做出填权的假象。而实际上,庄家却在此过程中大量出货。待出货完成后,股价就开始大幅下跌。

图 8-15　派林生物的 K 线图

不过,需要指出的是,确实有很多股票会在除权后走出成功填权的行情。因此在具体对待个股时,还应该根据当时的大环境、个股题材、涨升幅度、成交量等多种因素进行综合分析。

以上列举了主力经常采用的几种出货方式,需要指出的是,这些出货方式并不是单独使用的。比如,主力有可能在大势向好时,先采用拉高的方式完成一部分筹码的派发,然后在高位采用横盘整理或者上下震荡的方式继续出货,在接近尾声的时候可能就会采用快速下跌的出货方式完成出货过程。因此,我们不能片面地看待出货,主力出货时股价并不一定会马上下跌,但是出货完成后,股价的下跌几乎已成定局。

第四节　出货时分时图的异常表现

主力在出货阶段，分时图往往也会出现一些异常表现。特别是那些急于派发筹码的短线主力，他们为了在短期内实现出货，甚至会采用一些极端的方式快速达到出货的目的。下面我们来看看庄家在出货时分时图中的一些异常表现。

一、大幅震荡

当股价处于阶段性高位的时候，某日股价震荡的波幅开始加大，显示出多空双方的分歧巨大，后期不稳定性因素开始出现，投资者应随时准备出局。这里的震荡型出货只是显示了该股主力单日的出货状况。实际上，个股在某一段时期内可能都会出现震荡型出货的K线图，那时主力出货的意图将更加明显。

图8-16所示的冰山冷热，就是在高位区域采用了大幅震荡的方式进行出货的。图8-16为其2022年1月13日的分时图，图8-17是次日分时图，这两天的股价振幅都非常大。从其K线图(见图8-18)中可以看到，当时股价正处于较高价位，股价连续放量大幅震荡，主力出货意图非常明显，随后股价便一直处于下跌趋势。

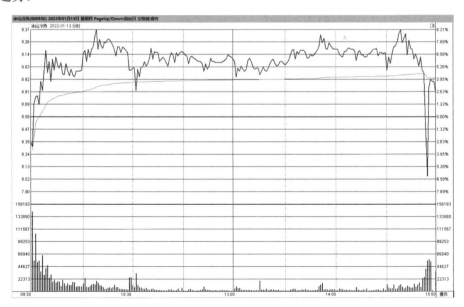

图8-16　冰山冷热2022年1月13日的分时图

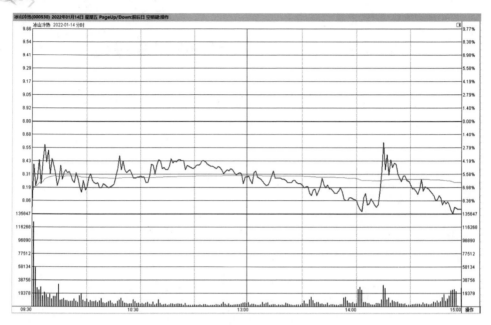

图 8-17　冰山冷热 2022 年 1 月 14 日的分时图

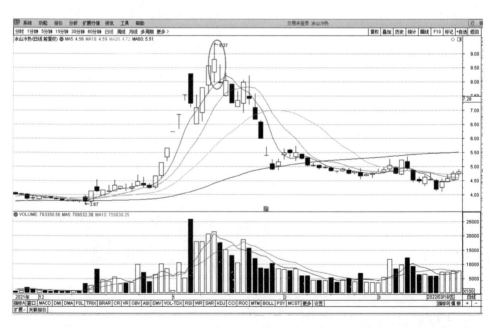

图 8-18　冰山冷热的 K 线图

二、快速跳水

快速跳水即在走势原本非常正常的情况下，突然有巨大抛单砸向买盘，形成快速的高台跳水动作，特别是在开盘后半小时或收盘前半小时经常出现这种情况。开盘后半小时即跳水，是主力不想耗费大量资金来建跳水平台，见势不好就赶紧出货；收盘前半小时才跳水，则是因为主力在尾市时"逃走"不易引起恐慌性抛售，方便其第二天稳定人心继续出货。投资者见此图形，应赶紧出局。

图 8-19 所示的*ST 大通，全天大部分时间都是有节奏地震荡向上的走势，然而刚过 14 点不久，却突然打压股价，成交量也明显放大，这种走势肯定不是散户所为。投资者见此图形，一定要看一下股价所处的位置，如果前期涨幅过大，应该走为上策。从其 K 线图(见图 8-20)中也可以看到，股价后面虽然有所反弹，但很快便开始逐步走弱，并且走出一波长期的下跌行情。

图 8-21 所示的宝塔实业，也是在尾盘出现快速跳水的现象。通常在这种情况下，散户根本来不及思考，而如果当天买入的话，往往只能眼睁睁地看着自己被套却无能为力。投资者若在高位遇到此类情况，要时刻做好出局的准备，以免陷入更深的泥潭。

图 8-19　*ST 大通某日的分时图

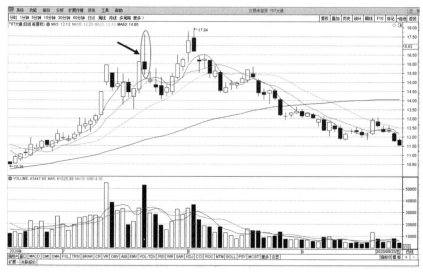

图 8-20　*ST 大通的 K 线图

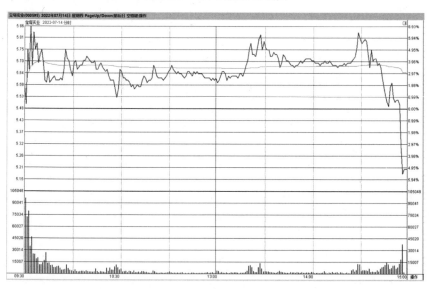

图 8-21　宝塔实业某日的分时图

三、无支撑震荡下跌

无支撑震荡下跌即股价低开后，整日处于主力有意识的流放状态，随波逐流甚至滑向跌停板，中间不时掺杂有主力的中等抛单，导致个股全天根本无法出现像样的反弹，低点不断刷新，毫无支撑，这是典型的温和出货状态。见此图形，

第八章 主力的出货手法

如股价同时跌破 5 日均线，投资者应考虑出局。

图 8-22 所示的开滦股份，早盘开盘后，全天都没有触及前日收盘线，也没有一次像样的反弹，显示出主力已经无心再对该股向上拉升，上涨的动能很可能就此衰竭。从其 K 线图(见图 8-23)中可以看出，次日依旧收出一根大阴线，随着股价跳空跌破 60 日线，便再无起色。实战中，如果在高位区域遇到此类走势，那么投资者一定要有清仓的决心，千万不要抱侥幸心理。

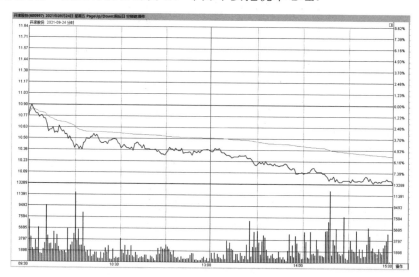

图 8-22　开滦股份某日的分时图

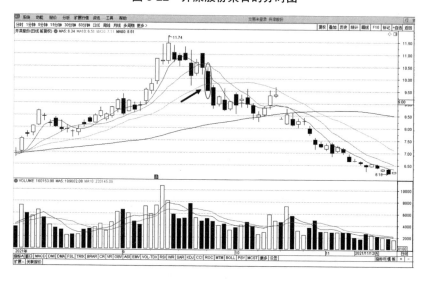

图 8-23　开滦股份的 K 线图

四、打开跌停

通常股价以跌停开盘，或者开盘后不久股价就冲向跌停板，然后盘中会不时有大买单将跌停板打开，但最终仍然会封住跌停板。这种情况一般是由于股价上涨到一定高度，多空双方分歧加剧，获利盘急于兑现，或者股票出现利空所致，盘中的大单打开跌停自然也是主力所为，目的是为了吸引部分想抄底的投资者或者短线做 T 的投资者。投资者遇到这种图形，应该果断出局，不要对后市抱有幻想。

图 8-24 所示的福达股份，就是打开跌停的走势。

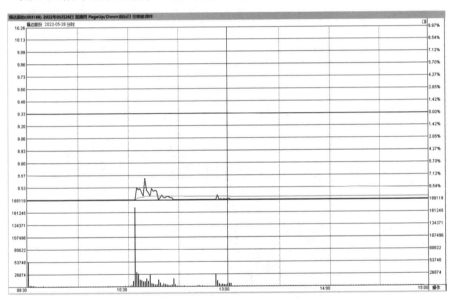

图 8-24　福达股份某日的分时图

五、拉高放长线

拉高放长线俗称钓鱼线形态，即主力通过急拉的方法吸引市场眼球，亮出一根"鱼竿"，然后在跟风盘不足的情况下或在跟风盘有所积累的时候，突然反手砸盘，快速出货，致使"鱼钩"沉没到水里不见踪影，这是一种凶猛的钓鱼型出货方法；有的"鱼竿"则要经过半个小时以上的缓推才能形成，后面的结果也不至于这么凶悍。但不管采用以上哪种方式，如果主力仍然出不了多少货，那么往往又会拉起股价，再往复操作几次直到出完货为止。

图 8-25 所示的富奥股份以及图 8-26 所示的国机汽车,就是采用拉高放长线的方式进行出货的。投资者遇到这种走势,应该避而远之。

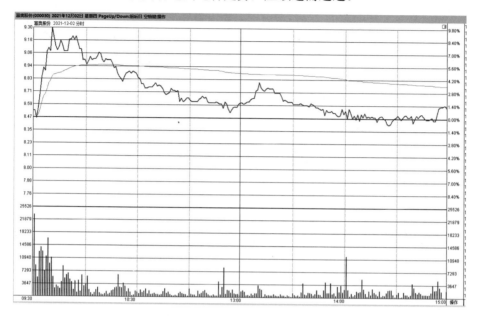

图 8-25 富奥股份某日的分时图

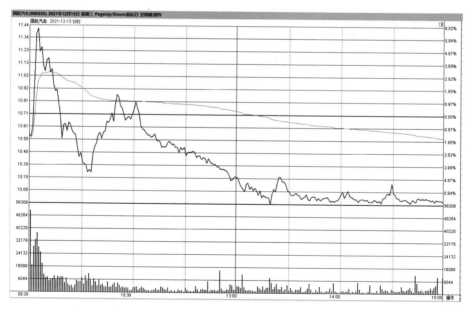

图 8-26 国机汽车某日的分时图

六、尾盘拉升

尾盘拉升，假进真出，这是主力惯用的出货操盘手法。尾市收盘前快速拉高股价，使不少跟风盘杀入。在第二天，主力可能持平开盘或高开并维持一段时间，使新的跟风者认为该股日后会涨，于是便继续买入，但是等待他们的往往是连续下跌的行情。

如图 8-27 所示的深南电 A，就是采用了尾盘拉升的出货手法。

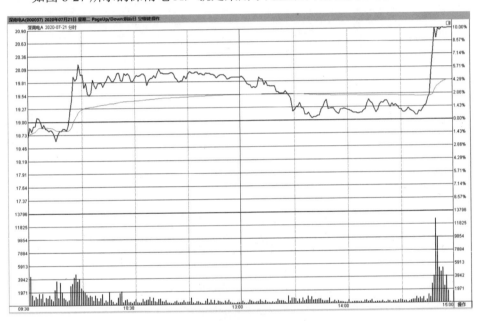

图 8-27　深南电 A 某日的分时图

第五节　主力出货时的各种特征

通常，主力出货时具有以下三种特征。

一、主力出货的市场特征

通常，个股被拉升到高位以后，主力会以较温和的成交量进行出货，出货时的技术特征和震荡调整蓄势行情表现相似。这样做的好处就是不易引发散户跟风出货，可以减少高位抛压；若是主力不顾后果，强行出货，那么股价就会马上破位。除此之外，也有不少主力采用了更聪明、更具有欺骗性的做法，那就是向上突破法。无论主力采取哪种方式，都会在盘面上留下一些痕迹，如果投资者仔细观察和归纳，一定可以看出主力出货时的主要市场特征。

(1) 主力出货时，个股的最大特点是，股价在向上突破之时通常会有上影线，同时有较高的换手率。图 8-28 所示的碳元科技，就是在突破前高时，换手率达到了 19.38%，且连续几天都维持在较高的范围内。

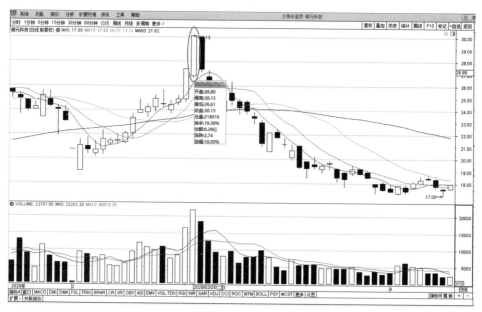

图 8-28　碳元科技的 K 线图

(2) 主力把股价拉至高位后，如果手中筹码还没有卖出，就会做成一个高位平台，并且在这一高位平台上一边护盘，一边出货。

(3) 经过一段时间的横盘，该股主力已经卖出了大部分筹码，此后便会再次快速拉升股价，令其创出新高，制造出再次向上突破的假象。图 8-29 所示的浙江鼎力，就制造了这种向上突破的假象。

(4) 主力出货完毕后，该股会阴跌不止，毫无支撑点位。图 8-30 所示的恒瑞医药，就是这种走势。

(5) 主力抛售筹码时，通常的做法是大笔资金出货，小笔资金拉升。虽然主力出货的价格并非在最高位，但套现后足以实现其预定目标。

图 8-29 浙江鼎力的 K 线图

图 8-30 恒瑞医药的 K 线图

二、主力出货的盘口特征

主力在出货时，所用的出货方法的不同导致其在盘口的表现也不同。具体来说，其主要有以下五种盘口特征。

1. 跌停板开盘出货

开盘直接跌停，往往会吸引很多抄底盘介入。许多散户看到股价如此便宜，常常会有抢反弹的冲动。在这种情况下，如果是主力在出货，散户在跌停板附近买进，其损失将会非常严重；如果不是主力在出货的话，股价通常会立刻复原，散户根本就不可能买进来。

2. 飘带式出货

飘带式出货是市场上比较流行的一种出货方法。操盘手会在每一个买盘上挂出几万股甚至几十万股的买单，促使股价逐渐以飘带的形式上移。一些沉不住气的投资者会在此时买进，其实上面的卖盘都是主力自己的，因为多数持仓者都想卖最高价格，所以一般不会挂出卖单。投资者若在这时介入，就离下跌不远了。飘带式出货是主力拉高的一种方式，也是一种出货的方式。

3. 小单出货

小单出货往往是一些有耐心的主力所为，他们每次只卖几千股，最多不超过一万股。几乎所有的操盘软件都不会把这种小成交量统计成主力在出货。

4. 多卖少买

如果操盘手抛出 19 500 股，同时买进 500 股，那么显示的是成交了 2 万股，而且是按照买入价格成交。一般操盘软件会把这种成交统计成主力主动买入的量。

5. 先吃后吐

有的主力会先把股价拉高 5%以上，并在高位放巨量，此时盘口显示的就是买盘。多数投资者会认为是主力在买进，没有太大的风险，于是也跟着积极买进。在此之后，主力开始逐渐出货，股价逐渐下跌。若盘面做得好，可以出很多货。在这里，主力在高位买进的可能是实盘，比如买进几十万股，但随后主力便会低价抛出几百万股，而这对于主力来说还是相当划算的。

三、主力出货的技术特征

尽管很多主力的出货行为较为隐蔽,手法也比较高明,但主力在抛售筹码的过程中,或多或少,或迟或早,都会露出一些蛛丝马迹,总会有一些征兆。一般来说,若出现以下现象时,就要注意主力很可能是在出货了。

1. K线走势特征

在主力出货阶段,股价在高位K线组合常常会有阴阳相间出现,且大阴线、中阴线的数量不断增加。一般情况下,阳K线的数量少于阴K线的数量,股价往往会向下跳空形成缺口,K线组合形状多为长阴墓碑、三只乌鸦、平顶及下降三部曲等,如图8-31所示。

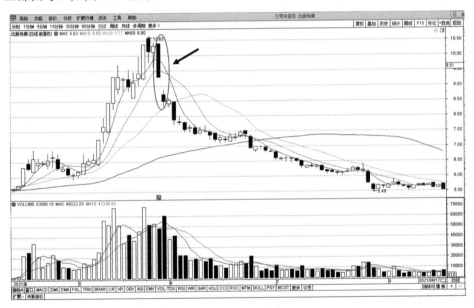

图8-31 出版传媒的K线图

2. 均线特征

股价经过大幅上涨后,当5日均线从上向下穿越10日均线,形成有效死叉时,股价头部形状出现;当5日均线、10日均线以及20日均线在高位成为压力线时,后势看淡;而当60日均线走平或向下掉头时,就预示着股价中期转势在即,如图8-32所示。

第八章 主力的出货手法

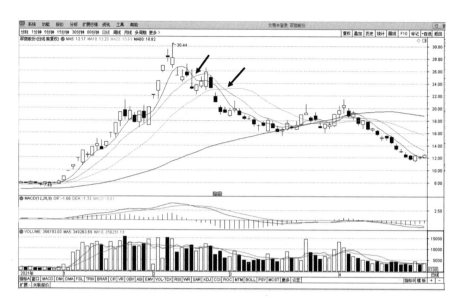

图 8-32 翠微股份的均线特征

3. 成交量特征

股价经过大幅度的上涨,突然在顶部放出巨量,但股价却很快转而向下,且连续几日维持较大的成交量,这些现象都表明主力正在积极出货,如图 8-33 所示。

图 8-33 滨化股份的 K 线图

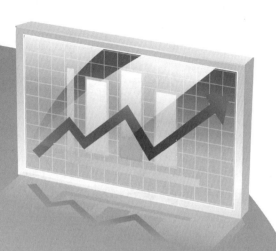

第九章

看清主力的战术与骗术

股市如战场，也需要讲究战术，对于资金庞大的主力更是如此。主力在操盘的过程中，为了达到相应的目的，就会利用各种各样的战术，如折磨术、诱多战术等。而对于较量，主力仅仅使用一些战术还是不够的。这时就需要"骗"，即利用散户熟悉的一些技术理论进行欺骗，如建仓时利用一些难看的图形让散户交出筹码；出货时则制造一些有利的图形，让散户心甘情愿接盘等。本章我们就对主力的一些战术和骗术进行介绍。

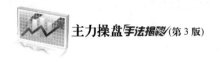

第一节 主力常用的战术

在各种战术里面,主力最常用的战术包括信息战术、折磨战术、闪电战术以及伪装战术等。下面对这些战术分别进行讲解。

一、主力的信息战术

主力设置陷阱最常用的手段之一就是消息发布。主力往往会散布各类真真假假的消息,以迷惑投资者,从而达到掩护自己真实意图的目的。与此同时,很多散户投资者往往就是依靠消息进行炒股的。殊不知,真正有价值的消息主力是不会轻易泄密的,这样的环境也为主力利用消息设置陷阱提供了机会。下面我们从建仓、拉升和出货几个阶段进行简要分析。

1. 建仓阶段

在建仓吸筹阶段,主力的目的是在尽量短的时间以尽量低的价格买足筹码。主力在暗中进行吸纳筹码的时候,通常会保持绝对的沉默,并且时不时会通过各种途径发布一些对个股不利的消息(如业绩亏损、财务状况恶化、经营环境变坏、原材料涨价、自然灾害等),这些消息足以使持股人果断减仓甚至恐慌性抛售。这时,主力便可顺利地在尽量短的时间内买到足够多的廉价筹码。这类利空消息的主要特点是突发性、公开性。其实有关消息往往有真有伪,特别是业绩亏损、经营环境恶化方面容易形成主力与上市公司联手造假的行为,如利润隐瞒、虚报亏损或者是夸大经营环境的恶化事实与程度等。同样的道理,在洗盘或震仓时,主力经常会利用利空消息设置空头陷阱,让中小散户纷纷落入其陷阱。

2. 拉升阶段

主力在底部获得足够的廉价筹码以后,就要开始进入拉升阶段了。这时,主力往往更希望借助外在的市场力量来实现其推高的意图,以防止所控筹码在计划外随机增加太多以及随之而来的成本上升。准备拉升股价的时候,会有上市公司有节制、有保留地公布一些利好消息;有股评人士的个人推荐,并从技术上造势;有咨询机构的所谓投资分析报告等。通常情况下不会正面鼓吹炒作对象,而是采用迂回战术,介绍目标所在行业、地域、板块、概念等炒作题材,使目标

第九章　看清主力的战术与骗术

股票开始引人注目，并配合主力的画图手法，以达到唤起市场气氛的目的。

3. 出货阶段

主力的最终目的是出货套现。在拉升过程中，会有公司公布重大利好消息，股评人士有意无意地做出强势的判断，引发市场的追捧。这个时候，主力的"故事"往往会以重磅炸弹的方式闪亮登场，随之而来的便是铺天盖地的宣传攻势。例如，重大题材的披露，往往会对投资者形成极强大的视觉冲击力，并使相当多数的人相信其仍然存在巨大的上扬空间和成长潜力，从而大胆买入，主力则乘机大规模派货，实现"胜利大逃亡"。

主力往往是绞尽脑汁，使出浑身解数，有计划、有步骤地处处设陷阱、布圈套，采取时真时假、虚虚实实的手段，来诱惑广大散户，为的就是使自己能够顺利建仓、拉升、出货，最终成功地获得预期利润。

4. 如何应对信息战

对于市场上每天公布的信息，作为广大散户投资者一定要擦亮眼睛，学会辨别真伪，不让一些假消息蒙蔽自己的眼睛。具体来说，投资者可以从股价所处的阶段、是否权威媒体发布等方面加以考虑。比如，要看股票处在主力操盘哪个位置，是建仓吸筹阶段、拉升阶段，还是出货阶段。若无法判断庄股阶段，也可以根据股价所处的相对位置进行判断，看股价是处于低位、中位还是高位。若股价已大幅拉高，八成就是为了配合主力的出货而散布的假消息，在判断时可以参照成交量的变化以及股价在各个位置的形态变化。若股价处于底部，极有可能是主力保密不严走漏了风声。另外，对于一些源于基本面的消息，可以在权威的新闻媒体上得到证实。

二、主力的折磨战术

当主力选中一只业绩较好、具有投资价值的个股，而这只股票又同时被其他投资者看好时，主力往往不会采用打压的方式进行建仓，因为这样做就很有可能让别的主力占了便宜。这时，主力一般会采用"折磨战术"，将股价横盘在某一价格区间内，或使股价处于长时间的缓慢阴跌中，即使大盘上涨，该股也不会跟随其上涨。这样会使买进该股的投资者无法获利，用时间消耗投资者的炒作热情，使投资者在疲惫不堪中最终选择放弃。

主力的"折磨战术"主要有阴跌和横盘两种表现形式，有时主力也会将这两种方式综合起来加以运用。主力使用"折磨战术"的研判要点有以下几点。

(1) 采用这类战术的个股通常具有一定投资价值，有的甚至价格已经严重背离其价值。因为这类个股往往容易吸引散户投资者的注意力，给主力建仓造成一定的障碍。

(2) 当主力采用阴跌方式时，股价调整幅度未必会有多大，但所有买入的投资者都不能获利，而且每天的市值处于不断消减中，使投资者的持股信心不断受到影响。

(3) 采用横盘方式时，股价静如止水般的沉寂。当大盘上涨时，该股不会随之同步上涨，当大盘下跌时，该股跌幅也不大，股价始终在某一极小价格区间内窄幅波动，使投资者缺乏炒作空间。在横盘即将结束时，往往会有一个假的跳水动作。

(4) 当主力使用"折磨战术"时，盘整的时间跨度较长。主力往往会通过长时间的调整来摧毁投资者的持股意志，使投资者持股信心趋于崩溃，最终选择低价抛售。

三、主力的闪电战术

闪电战术是一种快速坐庄模式，多为游资所为。由于坐庄资金常常将个股以最快的速度拉到涨停板，再通过边拉边出的手法出货，整个坐庄周期如闪电般快速，操作行为凶悍。因此，这类主力也被称为"涨停板敢死队"。

这种坐庄模式所经历的时间过程很短，一般只有1~2周的时间。主力将建仓、洗盘、拉升、出货等所有的操盘手段几乎放在同一时间内完成，采用边拉边出的手法，迅速地完成整个坐庄过程。当投资者有所醒悟时，主力早已不知去向。这类主力的坐庄过程有以下特点。

(1) 在这种坐庄模式中，主力出货后，股价往往暂时下跌不深，更多的时候是缩量横盘整理。在持续一段时间后，股价才逐渐加速下滑。因为这种边拉边出的快速建仓、快速出货的方式往往不能在短期内彻底将货出干净，因此主力会利用残余的筹码，暂时将股价维持在某一水平，待其完全出清存货后，才任由股价沉没下去。

(2) 该坐庄模式最明显的识别特征是成交量在短期内急剧放大，使投资者误认为是主力建仓，于是纷纷追高买入。可是一旦持有后，却发现股价突然沉寂下来，给人感觉像是在进行洗盘，这时主力很可能已经完成大部分的出货了。其实，这类主力多采用边拉边出的出货手法，在建仓的同时即开始出货，只不过股价在低位时，主力是多进少出，当股价拉到高位时，主力是少进多出。用少量资金在早盘时高开，或在尾盘时急速拉升，维持股价表面的虚假繁荣，在盘中交易时趁机大肆出货。

(3) 炒作的个股往往要伴随着某种利好，或者是具有某种题材或热点板块。若是没有利好题材或热点板块效应刺激的话，很难吸引投资者跟风追涨，主力的短庄难免要做成中长线的庄了。只有在消息题材的配合下，才能吸引市场资金热切追捧，主力也才能从容身退，快速、漂亮地完成坐庄全过程。

通过以上分析，我们可以知道，短期放量过于巨大的个股，其股价上涨往往一步到位，强势行情的持续时间较短，投资者在参与时一定要注意采用快进快出的投资原则。在初期放量，股价已经出现加快上涨迹象时介入，而在快庄股急剧放量和快速拉高的过程中卖出。其中的关键是，要提高操作的速度，来回避短线的风险，而不要去计较盈利的多少。

四、主力的伪装战术

伪装是主力的一种必备技能，也是一种天性。他们为了达到吸引市场关注、跟进和误导投资者逃离、回避的目的，凭借其强大的实力，通过种种"伪装"手段，向市场展示一系列假象。

1. 建仓时的伪装

在建仓时，一些主力会对股价肆意砸盘，这期间他们往往不计成本，甚至有时盘面中几乎已经没有获利筹码，可股价也能大幅跳水。此外，主力为了达到在较低价位上骗筹建仓的目的，还会配合炮制种种利空消息或传言，甚至请一些缺乏职业道德的股评家进行不负责任的负面报道和评论，从物质到精神上彻底摧毁投资者的心理防线，使投资者最终选择割肉离场。

2. 出货时的伪装

在出货时，市场中会流传着各种有关该股的利多消息和传言，上市公司的业绩也往往会同步大幅飙升，各种各样的题材花环纷纷戴在该股身上，股评家也不失时机地纷纷予以推荐，各种有关该股的投资价值分析报告也层出不穷。股价也常常会由股评推荐后突然大涨，使持股的投资者迟迟不愿卖出。而主力就是在这些耀眼的光芒中销声匿迹的，高位买入的投资者若不及时止损，只能乖乖地站岗。

3. 实力主力的伪装

实力强大、资金雄厚的主力，常常会采用低调的方法，为的就是能掩盖其战略意图。他们选股时会尽量选择流通盘较大的、适宜大资金进出的个股，成交量保持温和放大，股价的拉升采用慢牛式的缓步抬高，在涨幅榜上几乎看不见他们的身影，但是，经过一段时间后，投资者会突然发现这种股票的价格已经上升了许多。

4. 培养惯性思维的伪装

为了达到误导和欺骗投资者的目的，主力会通过控制股价的走势，使投资者形成一定的思维定式。比如在弱市时，主力就会在某一价格区间内做箱体运动，以表现其抗跌的特性。这样，当投资者发现这个规律时就会形成思维定式，每次股价再次降到箱底时，就会吸引更多的投资者加入抄底的行列。当主力发现有大量投资者在箱体抄底时，就会趁机将筹码兑现给投资者，股价也会一反常态地破位阴跌下去，主力借此顺利地出逃。在上升行情中，这种方法也同样适用。

第二节　主力常用的盘口骗术

主力所有的"表演"都是围绕着盘口进行的。主力经常利用委托单异常、盘口异动等方式制造骗术，让那些成天盯盘的散户们上当受骗，以达到自己操盘的目的。下面我们来了解一下主力经常采用的几种盘口骗术。

一、盘口委托单骗术

盘口是最容易做文章的地方，通常情况下，当卖盘大于买盘时，也就是委比为负时，说明卖压严重；而当买盘大于卖盘时，则说明买盘积极。主力也正是利用这一点，利用他们自身的优势在盘口为所欲为。比如，故意在卖盘挂上大单，让投资者感觉卖压严重，而自己又悄悄吸筹，如图 9-1 所示。其实，很多时候我们会发现，主力出货和吸货的手法和正常的思维方式正好相反。

000066 中国长城			
委比	-63.14%	委差	-7154
卖五	10.70		2343
卖四	10.69		1176
卖三	10.68		2777
卖二	10.67		1311
卖一	10.66		1635
买一	10.65		581
买二	10.64		233
买三	10.63		435
买四	10.62		219
买五	10.61		620
现价	10.66	今开	10.53
涨跌	0.11	最高	10.66
涨幅	1.04%	最低	10.33
总量	274167	量比	0.62
外盘	147989	内盘	126178
换手	0.93%	股本	32.3亿
净资	4.22	流通	29.4亿
收益(一)	-0.040	PE(动)	—

000066 中国长城			
委比	-63.14%	委差	-7154
卖五	10.70		2343
卖四	10.69		1176
卖三	10.68		2777
卖二	10.67		1311
卖一	10.66		1635
买一	10.65		581
买二	10.64		233
买三	10.63		435
买四	10.62		219
买五	10.61		620
现价	10.66	今开	10.53
涨跌	0.11	最高	10.66
涨幅	1.04%	最低	10.33
总量	274167	量比	0.62
外盘	147989	内盘	126178
换手	0.93%	股本	32.3亿
净资	4.22	流通	29.4亿
收益(一)	-0.040	PE(动)	—

图 9-1　盘口委托单

二、涨跌停板骗术

主力发力把股价拉到涨停板，然后在涨停价上封几十万手的买单。由于买单封得不大，于是就会有很多短线跟风盘蜂拥而来，你 1000 股，我 1000 股，可能会有一两百万手的跟风盘，主力见势就把自己的买单逐步撤走，然后在涨停板上偷偷地出货。当下面买盘渐少时，主力又封上几十万手的买单，再次吸引一批跟风盘追涨，然后又撤单，再次派发，就这样循环往复。因此，放巨量涨停，十之八九是主力在出货。有时早上一开盘有的股票就会以跌停板开盘，把所有集合竞价阶段的买单都打掉，许多人一看见这种情况就会考虑抄底，而这往往就中了主力的圈套。

三、盘口异动骗术

有些个股本来走得很稳，突然有一笔大单把股价砸低 5%，而后立刻又复原，买进的人以为捡了个便宜，还没有买进的人也以为值得去捡这个便宜，所以在刚才那个低价位上挂单，然后主力再次往下砸，甚至砸得更低，把所有的买盘都打掉，从而达到皆大欢喜的结局。散户以为捡了便宜，而主力因为出了一大批筹码而高兴。这是主力打压出货手法的变异，属于盘口异动骗术。

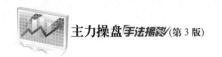

第三节 主力的骗线手法

所谓骗线，即主力利用市场心理，在 K 线走势图和技术图表上做手脚，误导散户做出错误的决定。股市中主力的手法可谓是真真假假、虚虚实实，特别是在撤退过程中，为了吸引跟风盘，主力经常会采用各种骗线手法。下面介绍的是一些主力常用的骗线手法。

一、尾盘拉升，假进真出

在收市前 15 分钟主力会用大单放量拉高，做高收盘价，这是为了描绘好 K 线图，从而欺骗散户。此时散户若以为是主力拉高，大胆跟进，第二天低开低走的走势必然让人后悔不已。这种操盘手法证明主力实力较弱，手上资金不充足。

有些个股整个交易日内都风平浪静，而邻近收市的几分钟主力却突然袭击，连续大单买进将股价迅速推高，这通常表明主力并无打持久战的决心，而是刻意在日线图上制造出完美的技术图形。尾市拉高，投资者连打单进去的时间都没有，主力的目的就是如此。只敢打游击战，不敢正面进攻。而有时则是该股已进入派发阶段，主力在盘中减仓之后，尾市再将股价拉高。其目的主要有两点：一是避免走势图出现恶化；二是将股价推高，为次日继续派发留出空间。

图 9-2 所示的西藏天路，全天大部分时间运行在前日收盘线之下，但在下午 1 点 30 分之后，开始向上拉升，甚至一度触及涨停板，而主力则在此过程中趁机出货。如图 9-3 所示，当天的拉升实际上极具欺骗性，因为收盘时，股价突破了前面的高点位，给投资者一种放量突破的错觉。而实际上，这只是主力的一次表演过程，其真正意图是拉高出货。

图 9-4 所示的亚星化学，同样是采用了在尾盘拉升出货的方式。下午两点左右，股价突破放量向上急拉，但很快又迅速滑落，从而完成了一定的出货任务；从其后面的 K 线图(见图 9-5)中可以看到，随后股价便开始转升为跌，向下运行。

第九章 看清主力的战术与骗术

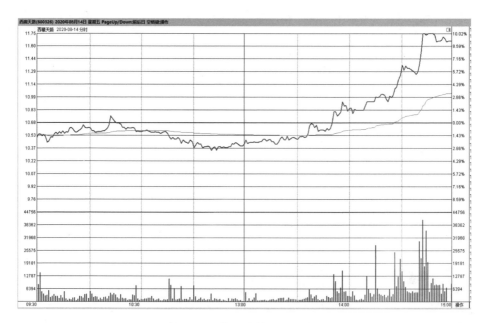

图 9-2 西藏天路某日的分时图

图 9-3 西藏天路的 K 线图

图 9-4 亚星化学某日的分时图

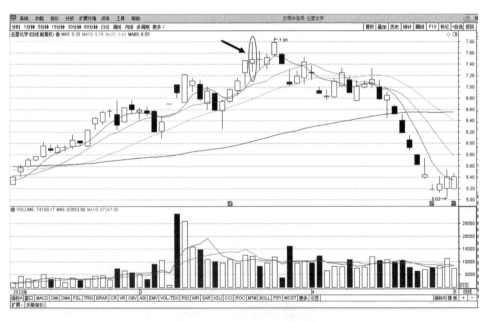

图 9-5 亚星化学的 K 线图

二、早盘拉升，制造声势

早盘开盘就连续推高股价，成交量也跟着放大，但连续上冲之后动能消失，随后便开始震荡走低，直至收盘，股价被打回原形。这种走势在试盘阶段、洗盘阶段和出货阶段都会出现，需要投资者结合股价走势和形态进行综合分析，对于已经大涨之后的高位股票，出现冲高后慢慢回落的信号，往往可以理解为主力出货的需要，早盘拉高就是为了把价格做高，一来可以吸引激进的投资者追涨接盘；二来可以让主力维持高股价逐步出货。

图 9-6 所示的富奥股份，就是在早盘快速拉升后逐步走低，早盘跟风买入的投资者则全部套牢。

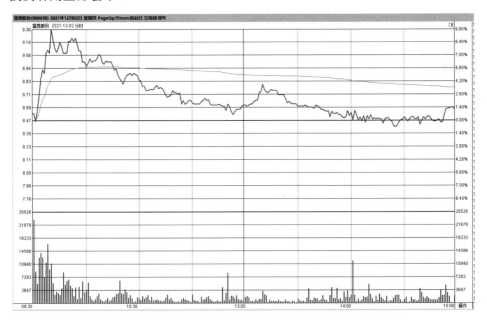

图 9-6　富奥股份的 K 线图

三、假突破

通常，一个整理形态的向上突破，很容易吸引散户跟进。例如，有效突破三角形、旗形、矩形时经常会出现一定的升幅，主力往往利用人们喜欢跟进突破个股的心理而制造整理形态的向上突破，甚至还会制造价升量增的假象来骗线。因此，投资者对于高位形成的形态突破要保持谨慎，一旦发现是假突破应及时止损离场。

图 9-7 所示的华菱钢铁，经过一段时间的整理后震荡向上，到前期高点位置更是放量涨停向上突破，但从图 9-7 中可以看出，次日股价并没有延续涨势，而是收出一根阴线，面对这种突破，投资者就要小心，如果接下来两天仍然处于弱势状态，那么投资者就不要再对后市抱有幻想了。

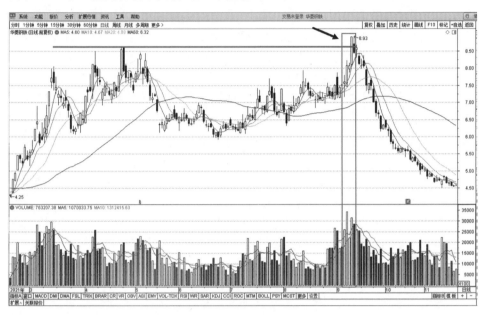

图 9-7 华菱钢铁的 K 线图

四、假填权

庄股炒作的一条铁律是该股一定有大比例的送配消息。在大比例送红股、用公积金转送和配股消息公布前，庄股通常会把股价炒得很高。这时候，即使主力再拉升也没有什么意义，而股价大幅上升后，追涨买进的人就会越来越少。所以，股价要在高位企稳一段时间，等待送红股或公积金转送的消息。一旦消息公布，炒高了的股票大幅除权，会使价位降到很低，30 元的股票，10 送 10 就只有 15 元了。这时候，主力利用广大中小散户追涨的心理，在除权日大幅拉升股价，造成巨大的成交量，制造要进行填权的态势。而当投资者都在期盼着填权行情到来的时候，股价却突然转头向下运行，很快便一蹶不振。

对于除权类个股能否填权，投资者需要把握以下两个方面，即大盘的走势和个股的质地。当大盘处于牛市时，主力就可能顺势填权；而大盘走弱时，主力往往会借助假填权来达到出货的目的。从个股质地上看，具有长期投资价值的个股最终将走出填权行情。若达不到以上两个标准，投资者就要加以警惕，判断主力是否为假填权、真出货。

五、做影线

通常情况下，上影线长，表示阻力大；而下影线长，则表示支撑强烈。主力经常利用很多投资者这样的思维，通过做影线来骗线。所以，下影线长的个股，并不一定有多大支撑，上影线长的个股，并不一定有多大抛压，投资者不应死守教条，而应了解其具体走势后再进行具体分析。具体操作时，要特别留意以下几种影线。

1. 试盘时的上影线

主力拉升股票之前一般都要试盘，而目前主力普遍采用的手段之一就是用上影线试探上方抛压。如果上影线长，但成交量未放大，股价始终在一个区域内收带上影线的 K 线，是主力在试盘。如果在试盘后该股放量上扬，则可安心持股；如果转入下跌，则证明主力试出上方确有抛压，此时可跟庄抛股，一般在更低位便可以接回。但是当一只股票大涨之后拉出长上影线，一定要提高警惕，一旦后市走弱，要及时离场。

图 9-8 所示的冰山冷热，在突破了 60 日均线之后，主力便进行了试盘，当天早盘放量向上拉升，随后便开始震荡向下运行，可见当天上方确实遇到了一定的抛盘压力。从图 9-9 所示的 K 线图中可以看到，股价在前一交易日在 60 日线的支撑下反弹并涨停，当天快速拉升一举突破前期整理区间，随后回落，试盘迹象明显。确认盘面压力后，主力随后便开始了横盘整理，过了几个交易日才再次拉升。

2. 洗盘时的上影线

在一些刚刚启动不久的个股身上经常会发生这种上影线，有些主力为了洗盘，会用上影线吓出那些持仓不坚定者、吓退欲跟庄者。因此，在具体操作时，投资者不仅要关注 K 线的影线，还应该结合 K 线组合以及技术指标等方面进行综合考虑。

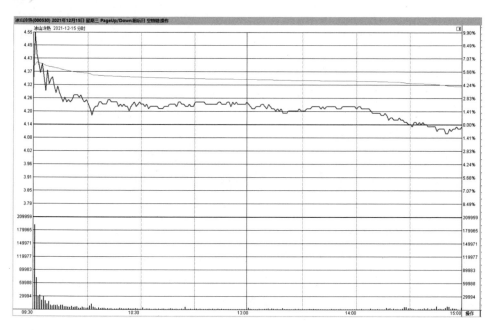

图 9-8 冰山冷热某日的分时图

图 9-9 冰山冷热洗盘时的上影线

第四节　小心主力的多空陷阱

由于股市是一个零和市场，有人赚必定就要有人赔。因此主力要想赚钱，散户就要赔钱。主力会利用各种手段从散户那里赚到钱，而设置陷阱就是手段之一。通过设置陷阱可以诱骗投资者按照他们的意愿买入或卖出。主力设置的陷阱通常有两种：一种是多头陷阱，一种是空头陷阱。

一、多头陷阱的概念

多头陷阱是指主力利用资金、信息及技术优势，通过技术处理手段操纵股价和股价走势的技术形态，使其在盘面中显现出做多的态势，引诱投资者大批买入的市场情形。

主力设置多头陷阱的先决条件就是自己必须要有获利空间，也就是说，多头陷阱的出现并不仅是在股价处于高位时，若主力有获利空间，即使股价下跌到低位，也一样会出现貌似反转、实为暂时反弹的多头陷阱。因此，多头陷阱又可以分为股价构筑顶部时的多头陷阱和股价在下跌过程中形成的多头陷阱两类。

一般情况下，投资者只有当股指大幅下挫、市道低迷且很多人被套时，才会对股市风险产生深刻体会。然而一旦行情反转，在市场赚钱效应的示范下，盈利的诱饵常常会使投资者将多头风险忘得一干二净，因而连连追高，最后一头栽在多头陷阱之中。因此，投资者要想在股市中获得最后的成功，就务必提高对股市中利诱的警惕，谨防因轻视而掉入多头陷阱。

多头陷阱通常表现为以下几种形式。

(1) 借助利好消息，突破重要关口，日 K 线图有向上跳空缺口。
(2) 升势迅猛，大盘或个股短线失地后很快失而复得。
(3) 技术指标在高位强势运行，市场出现严重超买的现象。
(4) 股价回升时成交量出现萎缩。

在股市中，多头陷阱经常会出现，由于它欺骗性大，上当者众多，往往会给普通投资者造成巨大损失。所以，在股市中行走，如果不能认识主力设置的多头陷阱，必定会输多赢少。

二、设置多头陷阱的手法

通常，主力会通过以下几种方法设置多头陷阱。

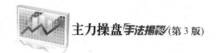

1. 利用技术关口设置陷阱

这种情况经常发生在熊市的初期和牛市的后期。在熊市初期，主力会利用重要点位设置多头陷阱，在整数关口、箱体底部、回调位制造反弹，为的就是给市场人士造成跌不破的迹象。当投资者大举杀入，主力便会大肆抛售，将关口砸破。

在牛市后期，市场热情正是空前高涨之时，由于投资者此时的信心比较坚定，认为即使大盘面临重要技术关口，突破也不成问题。这时，主力就会制造突破的假象，让中小投资者跟进，自己则出其不意逢高派发，或打压减磅，使跟风者全部陷进其设置的陷阱之中。

2. 利用技术指标设置陷阱

主力利用技术指标设置多头陷阱时，往往有意让技术指标在底部钝化或使其产生底背离，以便使投资者认为股票已严重超卖而轻易买入。比如，主力要出货，股价处于中高价位，主力就会让日 K 线、KDJ、MACD 等指标在底部钝化，在一些投资者介入抢反弹时，主力便会将筹码派发给他们。

3. 利用技术形态设置陷阱

通常情况下，投资者所熟悉的看多的典型技术形态有 W 形底、头肩底、圆形底、三重底、上升三角形、上升旗形等。主力为了在高位派发，通常会借助投资者对各种看多形态的依赖制造陷阱，眼看就要形成 W 形底反转，刚刚突破颈线却又反转下跌，在颈线位制造假突破出货，经过这样的精心设置，多头陷阱就大功告成。有时，主力也会利用一些具有看涨意义的典型 K 线形态设置多头陷阱。要识破这些多头陷阱，投资者就应该结合股价所处的位置和成交量变化来综合判断再做出决策。另外，还要准确掌握常见看涨形态的典型特征。比如，有些形态，必须要有效突破颈线才能成立，而且还要结合当时的大市情况。

4. 成交量急剧放大

很多投资者一旦发现个股突然急剧放量就会认为是主力在建仓，实际上股价在任何情况下都可以放量。所以，环境的不同、价位的不同、题材的不同，使得放量的性质也是各不相同的。真正有上升潜力的控盘类个股只是在启动初期会保持温和的逐渐增大的放量，在拉升途中成交量反而有所减少。若股价在启动时放量放得过大，就说明主力属于短线坐庄模式，一般建仓程度不深，主力拉升股价时会采用边拉边出的手法，其资金性质多属于炒一把就走的游资，个股行情往往属于短线热点行情，之前的放量不过是短线主力的一个诱饵。

第九章 看清主力的战术与骗术

5. 股价走势强劲的诱惑

对于具有一定资金实力的强庄，他们为了达到逢高派发的目的，通常会将股价急速拉升，并在使股价迅速脱离成本区的同时，以强劲的走势刺激投资者追涨。有时，主力还会故意将股价拉到涨停板，然后在盘中多次打开涨停，将货抛售给追涨的投资者，等到尾盘时再封涨停，以此来诱惑追涨的投资者。

6. 高送转分配方案的诱惑

通常情况下，当股价被大幅拉高后，就很少会有投资者愿意继续追高，而主力兑现利润时又不愿降下辛苦拉高的股价。此时，高送转分配方案的适时推出，就解决了主力的这一难题。这样做既可以降低公司股价，打开炒作空间，又有利于相关上市公司未来的再融资规划。所以，高送转也是一种深受上市公司欢迎的分配方式。但是，投资者在这种令市场各方皆大欢喜的分配方案引发的热炒中，要保持高度警惕，历史有许多超级黑马都是在高送转的热炒中形成了多年来无法逾越的股价顶峰。

三、辨别多头陷阱的技巧

一个多头陷阱的成功构筑，往往会伴随着很理想的"量价配合"。为了规避多头陷阱的风险，投资者必须根据具体情况做出研判。以下是广大有经验的投资者做出的总结，希望可以为读者朋友提供参考。

(1) 股价在底部区域时如果出现量价配合，是行情启动的迹象。若股价出现一波拉升后再出现量价配合，则是多头陷阱。

(2) 如果投资者都很谨慎，并在市场气氛还不热烈时出现量价配合，这便是行情有效的迹象。

(3) 如果在股价下跌时，没有跌破 10 日均线，或者即使跌破也只是瞬间，然后又反弹至更高的价位，这是行情可持续的标志；但若股价拉出长阴，且在均线下方停留的时间较长，同时反弹时出现量小滞涨的话，则是行情已处于末期的标志。

(4) 当投资者兴趣高涨、气氛极度火爆时出现了量价配合的现象，则是多头陷阱；若是量增价涨、量缩价跌，则是行情向好的征兆；而量缩价涨、量增价跌，则是行情向坏的征兆。

中小投资者若不慎落入主力的多头陷阱里，若是长线投资则要仔细分析手中的股票基本面有没有发生实质性变化，若是短线投资者应尽快斩仓出局。所持股票的公司如果业绩良好且项目进展顺利，那么可以做长期持股准备。此外，还要看大盘处于什么样的运行态势，如果大盘并未出现大的下跌态势，投资者就不必惊慌。

四、空头陷阱的概念

空头陷阱，即主力在某个阶段设下的一个圈套，以引诱投资者卖出手中筹码。市场主流资金大力做空，通过盘面显现出明显疲弱的形态，诱使投资者恐慌性抛售股票。空头陷阱通常出现在指数或股价从高位区以高成交量跌至一个新的低位区时，经常结合向下突破制造假象，使恐慌抛盘涌出后又迅速回升至原先的密集成交区，并向上突破原压力线，使在低点卖出者踏空。

从技术上来分析，空头陷阱的特征与多头陷阱的特征刚好相反，首先是股价前期大幅下跌，但近期短期、中期、长期各项指标都出现向好的苗头，成交量逐步温和放量或者不规则温和放量，甚至放出天量；其次，短期、中短期各项指标时好时坏，中期、长期指标要么没变，要么出现微微上翘的现象。

空头陷阱主要出现在两个阶段，即建仓前和建仓后。以主力是否建仓为分界线可以划分为两类空头陷阱：一类是建仓前期的空头陷阱；另一类是主力建仓后属于洗盘性质的空头陷阱，这类空头陷阱是为了清洗浮筹，抬高投资者成本，减轻主力拉升股价的成本。由于此时主力已经大致完成建仓，是不愿让其他资金有低位吸纳的机会的。因此这一时期的空头陷阱，都会伴随着底部同时出现，而且空头陷阱制造出来的底部，是最低限度也是一处阶段性底部。作为中小投资者，如果能准确识别空头陷阱，并在空头陷阱中积极做多，逢低买入，将会有很大的收获。主力设置空头陷阱的手法变幻莫测，为了更好地实施计划、有效地猎杀多头，主力在各种各样技术陷阱的布置和运用上也有了新的变化。因此，面对变幻莫测的股市，投资者有必要向主力学习，变得更加聪明，正确地研判行情走势，有效地规避空头陷阱。

空头陷阱不是空头市场，若投资者把空头市场当成空头陷阱，或者把空头陷阱当成空头市场，都会做出错误的决策。主力在设置陷阱时，总是尽力掩饰，让投资者难以察觉。比如在设置空头陷阱时，往往营造得像空头市场，等中小投资者进去后明白过来时，已经于事无补。具体来说，空头陷阱主要表现出以下几种特征。

(1) 股价前期出现过大幅下跌，成交量大幅萎缩，屡创新低。

(2) 主力向下做空时，也会出现适度放量的局面；跳空下挫，跌势较猛。大盘一旦回头，上涨攻势凌厉，幅度很大，一般都以长阳报收，追风者成本较高。

(3) 短期均线形态开始向好，上升趋势也已经初步形成，但均线系统在修复过程中局部又遭到了破坏，即短期均线走坏。

(4) 空头陷阱在 K 线走势下的特征，往往是连续几根长阴线跌穿各种强支撑位，有时甚至会伴随向下跳空缺口，引发市场中恐慌情绪的连锁反应。

(5) 空头陷阱会导致技术指标出现严重的背离特征，并且不是其中一两种指标的背离，而是多种指标的多重周期的同步背离，使得技术指标严重超卖，在低位钝化。

(6) 空头陷阱经常会故意制造技术形态的破位，让投资者误以为后市下跌空间巨大，继而纷纷抛出手中的持股，从而使主力得以在低位承接大量的廉价筹码。

五、空头陷阱的设置手法

主力主要是利用技术分析中的重要技术关口、典型技术形态、波浪理论及技术指标来完成陷阱的设置。所以在设置空头陷阱时，主力会故意把它们做成看空的样子，以吓唬胆小有经验的投资者，让他们惊慌失措，从而在夺路而逃时掉进自己布置好的陷阱中。

1. 利用技术关口设置陷阱

在牛市之初，指数面临整数位、前期高点颈线位、密集成交区等重要技术关口，主力可能会利用这些位置反复制造一些假象让投资者感到大盘难以突破。而当持股者纷纷卖出筹码时，主力则借助资金优势，一举突破，使得持股者纷纷下马，而场外资金则见风使舵，跟风追涨，有的投资者退场后反身杀入，充当抬轿者，主力则乘机扩大战果。

在熊市末期，主力会通过各种方式制造恐慌气氛，制造各种逼空行情，让投资者感到大盘守不住某个关口了，于是中小投资者纷纷斩仓出逃。

2. 利用典型技术形态设置陷阱

形态分析是技术分析的重要组成部分，其中有很多典型的技术形态对于研判股价走势很有帮助，有许多技术派人士把它们当成买卖股票的重要依据。正因为这样，它也成了主力用来制造陷阱的工具。比如，主力为了震仓洗盘，可以把 W 形底改变为下降三角形，迫使一些筹码割肉出逃，若换手充分，主力则反手拉升，又会使下降三角形变成三重底；在拉升中途故意制造出一些如 M 头形态、圆顶形态等典型的顶部形态，来吓走胆小的投资者等。

3. 利用技术指标设置陷阱

一般情况下，投资者用得比较多的技术指标有 MACD、DMI、RSI、KDJ 指标等。当大盘连续上涨时，这些指标会在高位钝化；当大盘持续阴跌时，这些指标一般在低位钝化。

若主力进货，就会设置空头陷阱。要设置空头陷阱，就会使这些指标在高位钝化,让投资者认为股价已处于超买区域而主动卖出筹码。聪明的投资者应该学会通过多种技术指标进行分析,以识破主力利用技术指标设置的陷阱。

4. 利用技术图形诱导投资者

利用技术图形诱导投资者主要包括以下几种方法。

1) 连续阴跌

连续阴跌,即通过长时间、连续性的阴跌走势,摧毁投资者的持股信心,以达到骗筹的目的。

图 9-10 所示的海马汽车,就是利用了这种连续性阴跌走势一步步摧毁投资者的信心。

图 9-10 海马汽车的 K 线图

2) 跳水式暴跌

跳水式暴跌表现在 K 线形态上是一根或连续多根的较长实体阴线的快速暴跌。有时主力在拉升的过程中,为了进一步提高散户的持仓成本,就需要进行一些洗盘操作。主力为了清洗浮筹,骗取更多的低价股票,往往会采取接近跌停板的暴跌来恐吓意志不坚定的投资者。

图 9-11 所示的古井贡酒,在围绕着 60 日线的一个平台整理之后,突然出现了一波向下的急速跳水,短短几天时间,跌幅达 20%之多,这种手法很容易让投资者误以为主力是在出货,但是聪明的投资者往往会从成交量中看出一些端倪。从图 9-11 中可以看出,这几日的成交量并没有出现明显放量,反而和之前相比有一定缩量,若是主力出货,如此大的跌幅通常会出现放量现象,而这种缩

量的下跌则是洗盘的一种特征。投资者要学会从多方面进行观察，以免上当。

图 9-11　古井贡酒的 K 线图

3) 构筑顶部形态

主力在个股中刻意操纵股价画图，在形态上构筑一些形态，如三只乌鸦、黄昏之星、圆弧顶、头肩顶、M 顶、多重顶等，以达到诱导投资者卖出股票的目的。

图 9-12 所示的奥园美谷，一波上涨之后在阶段性的顶部就构建了一个三重顶的形态，而当该形态跌破颈线位置时，就会吓跑一些技术分析爱好者。

图 9-12　奥园美谷的 K 线图

4) 跌破关键位

盘中跌破一些投资者认为的关键支撑位置(如技术指标的支撑位、均线系统的支撑位、各种技术形态的颈线位等)，这促使投资者认为股价已经破位，进而做出错误的投资决策，将手中的股票低价斩仓卖出，而主力则达到了诱空后顺利建仓的目的。

投资者要明白的是，主力使用"诱空战术"，其目的是收集筹码。因此，诱空的背后就是一种难得的投资机遇。当主力发动"诱空战术"时积极买入低廉的筹码，就可以坐享主力的拉升成果。

六、辨别空头陷阱的技巧

面对主力的各种表演，投资者应采取不同的投资策略进行应对，用"空头陷阱"选股就是一种不错的方法，当然这不仅需要理性的观察，还需要较大的信心和勇气。其主要方法如下。

(1) 把握不准时就先避开，但如果能够正确把握主力的成本和目标，就要坚决守仓。

(2) 在盘底形态或筑底过程中，宁可保持观望的态度，也不做空，等到多头市场的支撑失守后或空头市场的压力确认坚固后再做空也不迟。否则，空头陷阱一旦确立，就必然会在原趋势线突破后反手做多，因为以后的一段涨势中做多所带来的利润会远大于做空所带来的损失。

(3) 当大盘研判已经基本见底，而个股表演快要乏力时，就要积极选定个股，在底部张网，逐步建仓，降低成本，增加价差。

第五节　成交量骗术

成交量与股价的关系，一直是投资者研究的课题。可以说，每天的成交量都是真实发生的，但这并不是说，成交量一定是真正的成交量。成交量萎缩不一定会造成股价的大幅下跌，也不一定只有量增才能价涨。如果总是按照经典的量价理论进行操作，投资者最终会发现成交量不仅会骗人，而且是主力设置陷阱的最佳办法。那么，主力是怎样在成交量方面设置陷阱，而中小投资者应该如何防备呢？下面我们就通过一些案例来了解主力常用的手法，以做到防患于未然。

一、对倒放量拉升

主力在拉升时,主要是依据其控盘程度的不同来决定是选择锁仓拉升还是对倒放量拉升。比如,若主力持仓有限,通常就不敢把战线拖得太长。在这种情况下,主力通常会采用放量拉升。利用投资者"量增价升"的惯性思维,在拉升股价时不断采取大手笔对敲,持续放出大成交量,制造买盘实力强劲的假象,以便吸引场外跟风盘进场,从而达到乘机出货的目的。短线量增价升的走势往往可以迅速激发市场人气,因为主力持仓不大,常常可以在一片短线看好的喧闹声中完成派货。这种拉升方式被称为对倒放量拉升,因为在放大的成交量中有一部分是主力对敲做出来的。特别是股价上涨幅度已经很大,在高位放出巨量甚至是天量拉升时,投资者就要注意减仓或者清仓了,因为此时的放量极有可能是主力对倒出货造成的。

图 9-13 所示的东旭光电,在一波缩量洗盘之后,开始向上反弹,在到达前面高点附近时,成交量突然放大,并且随后几天一直维持着较大的成交量。然而股价却没有继续向上拓展空间,而是开始反转下跌。

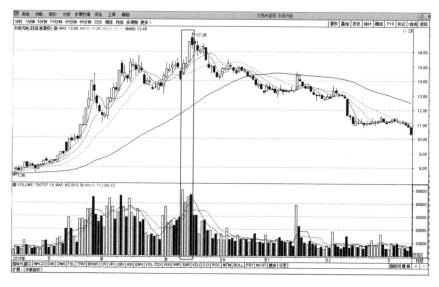

图 9-13 东旭光电的 K 线图

二、久盘后突然放量突破

这里所说的久盘在以下几个位置经常出现。

(1) 中报或年报公告前不久的盘整。
(2) 股价炒高了相当大的幅度后的高位盘整。
(3) 炒高后再送配股票除权后的盘整。

久盘的股票有时会在某一天的开盘后发现挂有大量的买单或卖单，摆出一副向上拉升的架势。开盘后半小时到一小时内，大量的买单层层叠叠地封挂在买一、买二、买三的价位上。同样，卖单也大批地挂在卖一至卖三的价位上。成交量急剧上升，从而推动股价上涨。投资者会立即发现它的成交量变化异常，不少人甚至会试探性地买入。但是由于买单已经塞得满满的，要想确保成交，只能直接按市场卖出价买进。正是因为这种市场买入的人增多，尽管抛单沉重，股价还是会不断上升，更进一步增强了投资者买入的信心，并产生该股将突破盘局带量上升、展开新一轮升势的联想。股价上升势头强劲，通常会在6%~8%幅度内，有的甚至用大量买单短时间封涨停。但不久后又会被大量卖单打开涨停，回调到涨幅 6%~8%进行盘整。盘整时买二、买三的挂单很多，买一的挂单相对少一些。但卖一至卖三的三个价位的卖单并不多，然而成交量却不少，显然是有卖盘按市价在买一的价位抛出。直到当天收盘时，大部分股票都在7%~8%的涨幅一带成交。次日，有可能高开高走，大有形成突破缺口的架势。当许多人看到该股突破盘局而追涨时，该股在涨到5%~7%时会突然掉头下跌，大量的抛单抛向那些早上挂单追涨而未能成交且没有撤单的中小散户；也有可能略为低开，然后快速推高，上涨至5%~7%的位置。突然掉头向下，虽然随后还会反复拉升，但往上的主动买单减少，而往下的抛单却不断，股价逐渐走低，到收市前半小时甚至跌至前天的收盘价以下。随后的日子，该股成交量萎缩，股价很快跌破此前的起涨点，并一路阴跌不止。如果不及时止损，股价还会加速下跌，跌到令人难以相信的程度，使投资者深度套牢。

那么，股价为什么会在突然放量往上突破时又调头向下，甚至加速下跌呢？实际上，这就是主力利用成交量精心设计的陷阱。这是因为主力在久盘以后仍找不到做多的题材，如果强行上攻就会造成被动，甚至还有潜在的利空消息已经被主力知道。为了尽快脱身，主力不得已采取对倒筹码的方式，造成成交量放大的假象，引起短线炒手关注，诱使人们盲目跟进。这时，主力只是在启动时滚打了自己的股票，在推高的过程中，许多追涨的人接下了主力的大量卖单。那些在追涨时没有买到股票，然后就将买单挂在那里的人更加强了买盘的力量，并为主力出货提供了机会。主力就是这样利用量增价升这一普遍被人认可的原则，制造了假象，达到出货的目的。

图9-14所示的惠天热电，一直沿着60日线震荡，但随着股价运行到前期高

点位时，突然放量向上拉升突破前高，随后一直维持着较大的成交量。但是从图 9-14 可以看到，成交量的放大显然与股价的上涨不成比例，股价并没有出现多大的涨幅，成交量却始终居高不下，主力出货的迹象明显。而从后面的走势可以看出，在主力完成出货任务以后，股价便开始了直线下跌。

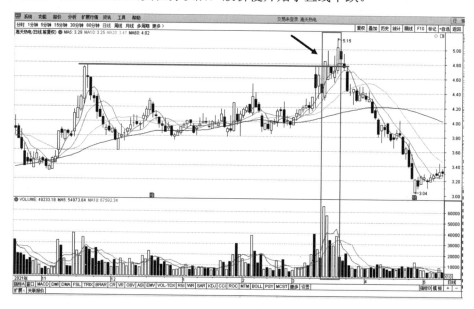

图 9-14　惠天热电的 K 线图

三、反弹制造假突破

　　股价在经过一段时间的下跌之后，通常会有一波技术性反弹行情，特别是突然公布某个利好的情况下。对于没有出完货的主力来讲，他们通常不会因为某一突发性的利好而改变整个坐庄计划，而是抓住一切有利时机尽快将剩余的筹码清空，自然也不会错过这么好的机会。因此，他们通常会借助这波行情制造触底反弹的假象来进行出货，因为这时相对于高点已经有不小的跌幅，很容易给投资者一种见底的错觉，更有利于主力完成派发的工作。

　　图 9-15 所示的上海家化以及图 9-16 所示的京东方 A，都是在下跌的过程中由于某个偏利好的公布，出现了一波反弹行情，并放量突破了 60 日均线，但由于利好不足以支撑股价出现大的上涨，因此很快便停止上涨，转而继续下跌，而主力也在这波反弹中成功地完成了出货任务。

图 9-15 上海家化的 K 线图

图 9-16 京东方 A 的 K 线图

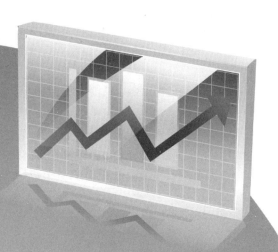

第十章

跟庄技巧与实战

通过前面的章节,我们对主力坐庄的整个过程以及主力所采用的操盘手法有了一定的认识。那么究竟如何才能发现主力的介入,如何应对主力的不同做盘手法,针对不同风格、不同坐庄周期的主力,如何采取不同的跟庄策略,这些都是我们本章需要探讨的内容。

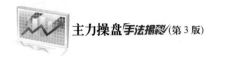

第一节　如何发现主力

为了不引进外界注意，主力从介入一只股票到完成建仓，都会采取一些手段作为掩饰，但如此大的资金量想要做到不为人所知是非常难的。正所谓百密一疏，作为散户，只要用心观察，还是可以从中找到一些破绽的。

一、主力进入特征

主力进入某只股票时，往往会有以下几个特征。

1. 有人为控制迹象

股价走势像被一只无形之手牢牢地控制着，与平常截然不同，明显有人为痕迹在分时图上画出各种标准形态；上涨过快时会有资金砸盘迫使股价回档调整，跌到某个重要技术位时会有资金护盘；有时股价明显沿着一个上升通道上升，进攻关键技术位时有大资金出动；收盘有资金拉尾市或打压尾市。这一切都说明有主力在盘中呼风唤雨。

2. 行情变幻莫测

主力进入后，股价波动增大，涨跌走势错综复杂，技术骗线明显增加。比如，明明冲破了重大关口，股价走势却又回软；M 顶形成后却有资金拉升，W 底形成后却有资金打压。与股市平静时截然不同，个股波动明显增加，显示有大资金在盘中兴风作浪。

3. 板块联动效应明显

大资金进驻往往不是一两只个股的轮炒，而是针对整个板块进行炒作，板块整体成交量明显放大，表示有大主力资金在其中运作。

4. 量价配合理想

在股价长期下跌末期，股价止跌回升；上升时成交量放大，回档时成交量萎缩，日 K 线图上呈现阳线多于阴线。阳线对应的成交量呈明显放大特征，用一条斜线把成交量峰值相连，明显呈上升状，这表明主力处于收集筹码阶段。每日成交明细表中可以见抛单每笔数额少，买单每笔数额多，这表明散户在抛售，而大资金在收集筹码。

5. 底部形态坚固

股价在底部形成圆弧底，圆弧左侧成交量逐渐缩小，下跌缺乏动力。此时，主力悄悄入市收集筹码，进入圆弧右侧成交量开始逐步放大，股价因主力介入而底部抬高，成交量仍呈斜线放大特征。每日成交明细表留有主力踪迹。

6. 交易行为表现异常

股价莫名其妙地低开或高开，尾盘时拉高收盘价或偶尔出现较大的买单或抛单，人为做盘迹象非常明显。另外，盘中走势时而出现强劲的单边上扬，时而又突然大幅下跌，起伏剧烈，这种现象在行情末期尤其明显，这说明主力控盘程度非常高。

7. 时常逆市而动

通常，个股的走势都是随大盘同向波动，但庄股在这方面的表现却往往与众不同。在建仓阶段，逆市拉升便于快速拿到筹码；在洗盘阶段，利用先前搜集到的筹码，不理会大盘走势，对敲打压股价，造成技术上破位，引起市场恐慌，进一步增加持筹集中度；在拉升阶段，由于在外浮筹稀少，逆市上涨也非常容易，其间利用对敲等违规虚抬股价手法，操纵股价易如反掌，而且逆市异军突起，反而容易引起市场关注，培植跟风操作群体，为将来顺利出货埋下伏笔；到了出货阶段，趁大势企稳回暖之机，抓住大众不再谨慎的心理，借势大幅震荡出货，待到货出到一定程度，就上演高台跳水反复打压清仓的伎俩，直至股价从哪里来回到哪里去。

8. 利空或利好消息对股价影响反常

通常，利好消息有利于股价上涨；反之，利空消息则会导致股价下跌。然而，庄股则不然，主力往往会与上市公司联手。上市公司事前有什么样的消息，主力都了然于胸，甚至私下蓄意制造所谓的利空、利好消息，借此达到主力不可告人的目的。例如，主力为了能够尽快完成建仓，人为散布不利消息，进而运用含糊其词的公告最终动摇散户的持股信心。又如，待到股价涨幅惊人后，以前一直不予承认的利好传闻却最终兑现，但股价却是见利好出现滞涨，最终落得个暴跌的下场。

9. 股东人数变化比较大

根据上市公司的年报或中报中披露的股东数量可以看出，庄股的股价完成一个从低到高再从高到低的过程，实际也是股东人数从多到少，再从少到多的过程。

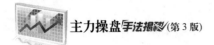

主力吸筹就是筹码从分散趋向集中的过程,此时股价上涨;主力派发则是筹码从集中转向分散,此时股价趋于下跌。也就是说,主力介入某只股票之后,股东人数就会越来越少,筹码集中度也会越来越高,从而有利于股价上涨。

二、通过地量寻找主力踪迹

地量是相对于大盘处于高位的天量而言的,通常,当市场趋于一致看多或者一致看空时,持股者不想卖股,持币者不愿买股,于是地量就出现了。一般来说,地量常在以下几个阶段出现。

1. 在行情清淡时

此时人气涣散,交投不活跃,市场找不到做多的题材和热点,资金不断流出。当出现地量地价时,就是长线买家进场的时机。

2. 在股价即将见底时

因为这时股价极低廉,能卖出的筹码都已经卖了,深度套牢者已经不再关心股价的变化,也不会再割肉套现了,而持币者因为看不见底部特征,也迟迟不愿意出手。于是,地量会不断出现,而且持续性较强。在这一时期内买进,只要能忍受得住时间的考验,一般会有所收获。

3. 在主力震仓洗盘的末期

主力在坐庄的时候,清洗浮动获利筹码,抬高市场平均持股成本,以减轻今后的套利压力。在拉升前会反复震仓、清洗获利盘。那么,主力如何判断自己震仓是否有效,是否该告一段落呢?这其中的方法与手段很多,地量的出现便是技术上的一个重要信号。当主力经过大力洗盘,并且停止对敲、打压等洗盘动作后,该股随即产生地量,这说明主力的洗盘已经达到目的。此时,持股者不愿意再低价抛售,而持币者由于对该股后市走向迷茫,也不敢轻易进场抢反弹,于是成交量清淡,地量便油然而生。这一时期往往是中线进场的时机,如果再结合其他基本面、技术面的分析,往往可以把握最佳买进时机。

4. 在拉升前的整理期

一只股票在拉升前,主力总要不断地确认盘子是否已经很轻,以免拉升时压力过大而坐庄失败,也就是拉升前要让大部分筹码保持良好的锁定性,即"锁仓"。而要判断一只股票的锁仓程度,从技术上来说,在上涨过程中成交量有减少的趋势,并且地量间断性地出现是一个较好的信号。如果能在这一时期及时跟庄，往往可以获取最丰厚的主力拉升阶段利润。

三、从操盘破绽处跟进

主力在操盘时，会留下很多破绽，主力出现破绽的时候就是投资者买卖的时机。下面列举几种常见的破绽。

(1) 不放量也能创新高，底部由于大量收集筹码，盘口变得很轻，因此创了新高也能不放量。

(2) 由于主力想建仓，但是又害怕别人在低价位跟进，因此，盘口经常做阴线，但重心却一直上行。

(3) 由于主力想出货，但是又害怕别人跟着出，所以经常做阳线，但是重心却一直下行。

(4) 洗盘阶段，主力洗盘的时候，并不想在低位丢失很多筹码，因此洗盘时股价实际有效跌幅并不大，即使是破位也大多是瞬间打压。

(5) 建仓阶段，由于主力想吸引卖盘，于是对倒放量，并且收出很多难看的K线，例如黄昏之星、长阴线、乌云盖顶等，但是由于并非真正出货，因此股价的重心并不会明显下跌。

(6) 出货阶段，由于主力想吸引买盘，于是对倒放量吸引投资者，但是由于并非真实买入，仅是自买自卖不增加仓位，因此股价重心并不会明显上行。

(7) 股价急速大跌后很快又回到前期高位，并且超越前期高位。由于这样做会增加主力成本，而主力花费了成本就要相应地有更大的收获，所以主力还会再往上做高股价。

第二节　强庄股的跟进技巧

所谓强庄股，是指有强势庄家操纵的股票。强庄股表现为庄家资金雄厚，操盘手法老辣，上市公司形象颇佳且有相关题材配合。下面我们来探讨如何跟进强庄股。

一、强庄股的重要特征

强庄股具有以下重要特征。

1. 遇突发性利空，股价走势依然强劲

突发性利空包括大盘和上市公司两个方面。面对这种"突发性"，通常许多

机构都没有思想和资金等方面的准备，常常是以股价的下跌来回应，而实力强大的主力则有能力应付和化解各种不利因素，不会轻易随波逐流，庄股在利空的情况下，可能会以横盘，甚至逆市上扬的走势来表现。

抗跌性是强庄股的重要标志，由于强庄股主力控制了大部分筹码，大盘下跌时不会乱了阵脚，也不会随波逐流，能够保持良好的抗跌性，特别是在大盘处于较长的调整期时，强庄股仍能屹立不倒。

2. 同类板块中表现抢眼

板块联动是股市中较明显的规律，常常表现出同一板块的齐涨齐跌。而较强主力介入的个股，在基本条件相差不大的情况下，则会在走势上强于同类板块中的个股。

在各种基本条件接近的情况下，特别是走势形态差不多的时候，一般流通盘较大的个股其可信度要高于流通盘较小的个股。流通盘偏大，也就意味着主力需要更强的实力、更多的资金去操作和控制它。

3. 能表现出明显的独立性

从时间角度来说，能够更长时间保持独立于大盘走势的个股，其控盘的主力实力相对比较强，表现在股价形态上为中期、短期均线呈多头排列，形态上升趋势明显，涨跌有序，起伏有章，这也是强庄的特征之一。

单纯从K线上判断，一般强庄股多表现为阳多阴少，阳K线的实体大于阴K线的实体，主力做多的欲望较强，市场的跟风人气也比较旺盛。强庄个股在上涨的时候力度比较大，在涨幅的前列常常能看到它的影子；而下跌的时候幅度却远远小于其他个股，并且成交量高于盘中个股的一般水平。

4. 筹码的集中度较大

人均持股数可以判断筹码的集中程度，人均持股越大，筹码集中程度越高；人均持股越少，筹码集中程度越低。假如某股人均持股较大且呈集中趋势，则说明主力在不断增仓，后市自然被看好。

5. 能先于大盘见底，并率先企稳走强

一个成功的主力，必然对大盘走势有着准确的把握，善于在跌势末期勇敢建仓，在行情初期提前出击，在行情火爆时功成身退，也就是善于打提前量。强庄股一般会先于大盘见底，大盘创出新低时，强庄股不仅不创新低，反而会率先企稳走强。

二、选择强庄股的法则

1. 强庄股的初步选择

(1) 在日涨跌排行榜的前 20 名中选择，如图 10-1 所示。

(2) 在日振幅排行榜的前 20 名中选择，如图 10-2 所示。

(3) 在当日量比排行榜的前 20 名中选择，如图 10-3 所示。

序号	代码	名称	涨幅%
1	301289	N国缆	Z 51.06
2	001226	N拓山	44.00
3	688349	N三一	K 42.35
4	301220	N亚香	39.05
5	301199	迈赫股份	20.02
6	300757	罗博特科	20.00
7	688348	昱能科技	K 15.46
8	300980	祥源新材	12.16
9	301039	中集车辆	Z 12.08
10	300681	英搏尔	11.54
11	002204	大连重工	10.09
12	002347	泰尔股份	10.08
13	000868	安凯客车	10.08
14	002599	盛通股份	10.06
15	002587	奥拓电子	10.06
16	002350	北京科锐	10.06
17	002662	京威股份	R 10.06
18	600961	株冶集团	10.04
19	002527	新时达	10.04
20	002753	永东股份	10.04

图 10-1　日涨幅排名

序号	代码	名称	振幅%
1	001226	N拓山	24.01
2	301228	实朴检测	Z 22.36
3	300757	罗博特科	20.20
4	002927	泰永长征	20.01
5	301039	中集车辆	Z 19.15
6	688348	昱能科技	K 17.06
7	300928	华安鑫创	Z 16.65
8	300681	英搏尔	16.51
9	000678	襄阳轴承	16.27
10	300980	祥源新材	Z 16.20
11	300611	美力科技	16.10
12	688390	固德威	Z 15.96
13	688349	N三一	K 15.70
14	300617	安靠智电	15.00
15	000821	京山轻机	14.97
16	301289	N国缆	14.49
17	000020	深华发A	14.11
18	600657	信达地产	R 13.91
19	603985	恒润股份	13.87
20	603069	海汽集团	13.57

图 10-2　日振幅排名

序号	代码	名称	量比
1	001226	N拓山	0.00
2	301228	实朴检测	Z 2.66
3	300757	罗博特科	6.79
4	002927	泰永长征	4.40
5	301039	中集车辆	4.16
6	688348	昱能科技	K 1.49
7	300928	华安鑫创	Z 6.31
8	300681	英搏尔	3.73
9	000678	襄阳轴承	2.73
10	300980	祥源新材	Z 4.40
11	300611	美力科技	3.12
12	688390	固德威	K 2.92
13	688349	N三一	K 0.00
14	300617	安靠智电	2.29
15	000821	京山轻机	1.68
16	301289	N国缆	Z 0.00
17	000020	深华发A	9.03
18	600657	信达地产	R 2.51
19	603985	恒润股份	3.08
20	603069	海汽集团	1.50

图 10-3　当日量比排名

(4) 在 OBV 技术指标位于历史高位股中选择。

(5) 在出利空后、很快走出放量阳线股中选择。

(6) 在总股本与流通盘子均较小的股中选择。

(7) 在基本面较好、没有送配历史股中选择。

(8) 在有明显后续大题材股中选择。

2. 强庄股的筛选程序

经过初步选择以后，就要进入到第二步的筛选过程，选择的主要标准如下。

(1) 个股的股价尚没有脱离低价位区域。

(2) 具备独立行情，个股走势不跟随大盘波动。

(3) 在大盘跌势中个股的抗跌性明显好于大盘。

(4) 大阴线、大阳线、上下长影线数量较多，但股价并没有出现持续性大涨或大跌。

(5) 对于个股的消息面反应比同板块其他股票敏感。

(6) 在行情发动的第一阶段，该股的表现弱于大盘。

(7) 买单比较小，一般不容易出现大买单，成交量有放大趋势。

(8) 尾市经常发生砸盘方式的异动。

3. 强庄股的运作特点

通常，强庄股具有以下几种运作特点。

(1) 强庄股的整个运行方式包括吸筹、拉升、出货，时间在1个月至1年之间，其中吸筹与出货占据了主要时间，拉升时间只占很少一部分。

(2) 强庄股的消息面特点是低位常常有利空，导致投资者心情悲观犹豫；高位往往是利好，导致投资者十分乐观，主力反大众心理操作。

(3) 强庄股在收集完毕时、在发动前都要震仓洗盘，最直接的目的是逼迫已经跟进的人离场，打击准备跟进者的买进信心，以抬高该股的市场平均持股成本。

(4) 拉升时速度极快，不给投资者以低位的买入机会。

(5) 在低位时易低开，不易产生涨停板；在高位时易高开，容易产生涨停板。

三、跟进强庄股的时机

跟强庄股尽量选择主力拉升的时机，通过均线系统研判。均线系统由多条均线纠缠的黏合形态转变为向上发散的时候，就是个股涨升的重要信号。

一只股票的多条均线黏合缠绕在一起多日，股价上扬突然发散向上，并形成多头排列，这种形态指示出该股后市的涨升潜力极大。图10-4所示的西藏矿业，当均线由黏合转为发散形态时，就是买入的信号。

投资者在具体操作时，应在均线黏合转向发散后果断介入，因为这种发散形势是由于股价上涨促成的，待股价的均线明显向上发散后再介入，时机就相对较晚，收益也会越来越小，而当均线系统发散后相距距离大时，就要注意回调的风险。

图 10-4　西藏矿业的 K 线图

四、如何追涨强庄股

买进强庄股的重要方法之一就是"追涨",但是投资者要想既买到强庄股又避免过度追高,就需要掌握好一定的尺度,也需要在选股时关注以下要点。

(1) 要选涨幅靠前的个股,特别是涨幅在第一榜的个股。

(2) 要选量比靠前的个股,量比是当日成交量与前五日成交均量的比值。量比越大,说明当天放量越明显。该股的上升是得到了成交量的支持,而不是主力靠尾市急拉等投机取巧的手法推高完成的。

(3) 当前股价必须处于低价区,只有股价处于低价区,此时涨幅靠前、量比靠前的个股,才能说明主力的真实意图在于推高股价,而不是意在诱多。若在高价区出现涨幅靠前、量比靠前的个股,则可能其中存在陷阱,参与的风险较大。

(4) 确定个股的股价是否向上突破重要阻力区或突破 30 日、60 日均线,如果形成突破,可适当追涨。

具体操作的时候,投资者可以将应用分析软件中的"多股同列"功能,将涨幅靠前以及量比靠前的个股列在同一个窗口上,如图 10-5 所示,再分析其中个股的相对价位处于什么位置。如果股价离底部不远,尚处于低价位,且刚刚突破 60 日均线,则可认为该股正在展开新的一轮行情,此时追涨便有较大的把握。

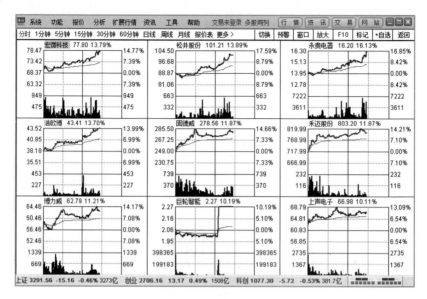

图 10-5　多股同列

第三节　如何应对主力的特殊做盘手法

主力在操盘时，为了迅速达到目的，往往会采用一些较为极端的操作方式，如突然涨停、跌停，突然放量，或者突然大幅高开等手法，让投资者摸不清其操作意图，从而达到掩人耳目、混淆视听的目的。那么，对于这样的做盘手法，普通投资者应该如何应对呢？下面我们就来对这些特殊的手法进行简要的分析。

一、突然放量的应对方式

1. 突然放量的意图

突然放量对于散户来说，可能是绝好的跟进时机，但这也有可能是主力故意设置的陷阱。所以，对于突然放量的出现，散户不要急着高兴，首先要弄明白主力的真正意图。

一般来说，突然放量的出现有两种意图：拉升或出货。

很多投资者都会认为成交量是不会骗人的，而传统的量价关系也认为成交量的大小与股价的升跌成正比。比如，量增才能价涨、量缩价不会大跌、长期盘整的股票带量突破盘局常意味着主力要拉高、股价高位放巨量后一定还会创新高等。对于这些观点，在一定的环境下，确实有一定的道理，但在某些情况下，成交量不仅会骗人，而且会成为主力将计就计设置的陷阱。

例如，久盘突然放量就是典型的"出货陷阱"之一。久盘有的是指股价在炒高了相当大的幅度后的高位盘整，有的是炒高后再送配股票除权后的盘整，还有的是中报或年报公告前不久的盘整。

通常情况是，主力在久盘以后知道强行上攻难以见效，为了赶快脱身，就会采取对敲的方式，造成成交量放大的假象。在推高股价的过程中，许多追涨的人接下了主力的大量卖单；那些在追涨时没有买到股票就将买单挂在那里的人加强了买盘的力量，并为主力出货提供了机会。主力就这样利用量增价升这一普遍被人认可的原则，制造假象，从而达到出货的目的。

由于大多数投资者经常孤立地看待成交量，即只注重当日的成交量与价位，因此主力就会投其所好，大量地利用对敲制造骗量和骗线；又由于对敲与普通的大笔成交具有相同的形式，容易隐蔽，难以判别，因此常常会给散户带来不少麻烦。

研判主力对敲应该从成交量的放大情况以及价量配合的情况入手，主力对敲最直接的表现就是成交量的增加，但是由于掺杂了人为操纵的因素在里面，这种放量会很不自然，前后缺乏连贯性，在价量配合上也容易脱节。在具体实践中，散户可以通过以下几种特点甄别。

(1) 股价突然放量上攻，其间几乎没有回档，股价线一路攀升，拉出一条斜线。这明显有人为控制的痕迹，往往是主力在对敲推高股价，伺机出货。这种走势一般还会持续，尾盘往往以跳水告终。

(2) 从每笔成交上看，单笔成交手数较大，经常为整数(例如 100 手、500 手等)，买盘和卖盘的手数都较接近。出现这样的情况，通常买卖方都是同一人，也就是对敲行为。

(3) 实时盘中成交量一直不活跃，突然出现大手成交，这种成交可能只有一笔或连续几笔，但随后成交量又会回到不活跃的状态。这种突发性的孤零零的大手成交是主力的对敲行为。

(4) 股价无故大幅波动，随后又恢复正常，比如股价被一笔大买单推高几毛钱，但马上又被打回原形，K 线图上留下较长的上影线。这种情况也多为主力的对敲行为。

(5) 当各档挂卖单较小，随后有大笔的买单将它们全部扫清，但买单的量过大，有杀鸡用牛刀之意，且股价并未出现较大的升幅。这种上涨状态的大笔成交是主力的对敲行为。

(6) 从成交量上看，短期成交量成倍放大而股价涨幅有限的个股，通常为主力对敲所致。另外，有些个股短期升势较快，但成交却夸张地放出巨量，这些量中的水分较大。

(7) 当股价出现急跌，大笔成交连续出现，有排山倒海之势，往往是主力为洗盘故意制造的紧张气氛。这种大手成交的放量下跌是主力的对敲行为。

(8) 上一交易日成交并不活跃的股票，当天突然以大笔的成交放量高开。这是典型的主力对敲行为，目的是为了控制开盘价格。

(9) 整日盘中呈弱势震荡走势，买卖盘各级挂单都较小，尾盘时突然连续大手成交拉升。这是主力在控制收市价格，为明天做盘准备，也是典型的主力对敲行为。

(10) 在实际操作中，散户要特别注重均价、均量的作用。当不同区间的均量、均价相距甚远时，很有可能是主力对敲所致，散户一定要加倍谨慎小心。

2. 突然放量的应对策略

如果是在底部突然放量，则是行情开始的征兆，应该大举建仓；如果放量的同时，股价也跟着飙升，则可以适当买入，但要防止主力出逃；如果股价跟着大跌，则要及时逃离。如果在高位突然放量，则是在逐步造顶，应随时准备出货。

二、突然缩量的应对方式

突然缩量是一种很值得散户重视的现象，它对于处在不同阶段中的个股的发展趋势有着非常重要的指导意义。下面我们分几种情况进行分析。

1. 突然缩量上涨

一般认为，如果是量增价涨，则表示上涨动能充足，预示股价将继续上涨；反之，如果缩量上涨，则视为无量空涨，量价配合不理想，预示股价不会有较大的上升空间或难以持续上行。而实际上这种说法并不是完全准确的，例如，上涨初期需要价量配合，上涨一段时间后则不同了。主力控盘个股的股价往往越是上涨成交量反而越萎缩，直到再次放量上涨或高位放量滞涨时反而预示着要出货了。

股价的上涨根本没有抛盘，因为大部分筹码已经被主力锁定了，在没有抛压的情况下，股价的上涨并不需要成交量。许多大牛股涨幅的很大一部分往往都在缩量空涨这一阶段。因此，这种缩量空涨并不是坏事，只要无量，其主力资金的结构就明显没有改变，通常而言，行情会持续向好，直到成交量改变，使行情性质发生改变为止。

2. 突然缩量下跌

很多投资者认为缩量下跌的危险不大。事实上，缩量下跌的情况往往比放量下跌更加不妙。

对个股而言，高位持续震荡放巨量，突然再放巨量暴跌，必然会出现强劲的反弹，之后即突然缩量下跌。如果投资者以为该股有主力在托盘，成交量萎缩，主力难以出局或许还要托盘，行情还可看好，那就错了。一方面没有理由保证主力资金就绝对不会被套牢；另一方面在成交量萎缩之前的高位震荡放量过程中，主力资金到底玩了什么招数还很难断定，因而许多强势庄股在缩量阴跌之后，后期往往跌势漫漫，更重要的是它往往看起来下跌幅度不大，散户心理上也能够承受这种小幅下跌，但是积少成多，经过一段时间之后，散户再回头看时，已经是有了相当大的跌幅了。因此，对大震荡之后缩量阴跌的股票要保持高度的警觉。这些股票往往会跌到让持有者绝望、使欲买者失望的程度。

一般情况下，股价在下跌过程中缩量是正常现象，一是没有接盘因此抛不出去；二是由于惜售情结较高没有人肯割肉。实战中往往出现缩量阴跌、天天跌的现象，只有在出现恐慌性抛盘之后，再次放量才会有所企稳。其实，放量下跌说明抛盘大的同时接盘也大，这是好事，尤其是在下跌的末期，显示出有人开始抢反弹。

总之，无论是缩量空涨还是缩量阴跌，都代表着一种趋势，只要成交量萎缩的特征不改变，行情的性质往往也会延伸。但是成交量突然之间发生了巨变，那么以前所有判断行情的基础条件，比如基本面、技术面、主力资金、市场热点结构等都得重新审视，绝对不能因惰性而沿用前期的判断定式。比如，无量空涨之后，再放巨量飙升或者突然震荡放巨量下跌；缩量阴跌之后，突然低位放巨量震荡。行情必须以此为起点重新判断，很可能行情的性质正在发生改变，或者行情已经涨过头或者跌过头。

成交量趋势不变，行情趋势延伸；成交量改变，行情需要重新判断。这不仅是研究缩量个股趋势的重要依据，也是研究放量个股趋势的重要前提。

三、突然涨停的应对方式

设置涨跌停板制度的目的是防止交易价格的暴涨暴跌，抑制过度投机现象。我国的涨跌停板制度规定，除上市首日之外，股票、基金类证券在一个交易日内的交易价格相对上一交易日收盘价格的涨跌幅度最多为10%，ST股票的涨跌幅度最多为5%。

很多投资者认为，涨停板的出现代表着该股强势特征明显，后市很看好。其实涨停板也是很多主力出货的一种方式。利用涨停板出货既可以卖到好价钱，又可以不吓跑接盘者。只有当资金链断裂，急于出货的主力，才会用杀跌出货的方法。当一只股票，在相对高位出现涨停，而且成交量很大，换手率很高，在分时图中，涨停被打开很多次，并且每次打开都有很多量放出，这种涨停板绝对不能跟。在没有重大利好的情况下，市场资金不可能将股价推向涨停牌，这时候涨停板一定是主力打上去的。如果主力想将股价封上涨停，散户是不可能有能力将涨停打开的，而且一般散户在涨停板也不会抛出，此时能打开涨停板的只能是主力自己。可是已封上涨停，主力为什么又要打开涨停呢？如果大家以这种思路想下去的话，就不难发现主力的意图了，再配合成交量和股价所在位置，主力出货意图就一目了然了。当然，有一种情况是，在较低的价位打开涨停，则可能是主力在进行洗盘，要具体情况具体分析。

那么，对于散户来说，面对突然涨停的股票该怎样操作呢？下面列举了几种操作技巧，希望能对读者有所帮助。

1. 涨停股的卖出时机

对于涨停的个股，可以把握以下卖出时机。

(1) 追进后的股票如果 3 日不涨，则予以抛出，以免延误战机或深度套牢。

(2) 当 5 日均线走平或转弯则可立即抛出股票，或者 MACD 指标中红柱缩短或走平时应予以立即抛出。

(3) 如果第二个交易日 30 分钟左右又涨停的，可大胆持有。如果不涨停，则上升一段时间后，股价平台调整数日时予以立即抛出，也可第二个交易日冲高抛出。

2. 追进涨停后次日的操作手法

追买涨停之后，如果只是为了搏一次短线差价，则可以按以下手法操作。

(1) 开盘就继续涨停，可不急于抛出，但要紧盯着买一上的买盘数量，一旦买盘数量迅速减少，则有打开的可能，此时必须立即抛售，获利了结。如果一直涨停至收盘，则可以继续持股至第三个交易日再考虑。

(2) 高开低走，则要立即抛售。

(3) 高开高走，紧盯盘面，一旦出现涨势疲软(指股价回调下跌 1%)，则立即填单抛售。

(4) 平开高走或低开高走，做抛售准备。紧盯盘面，一旦出现涨势疲软，则立即填单抛售。

(5) 平开后迅速下跌或者低开低走，趁反弹逢高择机出货。

第十章 跟庄技巧与实战

3. 涨停板出局技巧

涨停板出局技巧如下。

(1) 第二天 5 分钟内出现昨天的收盘价，无论盈亏都应出局。

(2) 参照分时系统，15 分钟或 30 分钟 MACD 一旦出现小红柱，应立即出局。

(3) 止跌涨停、龙头涨停等后市利润较大的涨停，参照 30 分钟的 30 日均线，当其走平或高位震荡时，应立即出局。

四、突然跌停的应对方式

普通投资者在跟庄的过程中，经常会遇到股票突然跌停的情况，这时，首先要判断主力的意图，根据主力的意图来决定自己的操作行为。主力把股票打到跌停的目的不外乎两种：洗盘吸筹或派发出货。

1. 利用跌停洗盘吸筹

当市场处于强市时，主力会选择有利空袭击的个股，破坏技术和走势形态，引起止损盘抛售；使日 K 线上阴线越跌越快，越跌越大，引起投资者不抛售将会出现下跌空间无限的恐慌感。这时就会有大量的散户抛盘蜂拥而至，待散户抛盘达到一定程度时，主力可釜底抽薪，采取撤单形式撤走自己的卖单，然后以实质性的买单大肆吸收上档的抛盘，从而达到快速建仓的目的。对于散户来说，一直处于跌停的股票，如果先跌停后打开或开低后上升，且放量打开跌停，即为买入机会。由于股价一路杀跌、量缩，现在又跌停再打开表示杀跌的人少，多方已开始反攻；当放量打开跌停后且稳步上升，表示主力已回头杀入。

2. 利用跌停派发出货

如果主力采取"自杀式"跌停出货，对于跟庄的散户来讲，将是致命的，如果不迅速以跌停价排队抛出，将会被主力狠狠地套在高价区。

主力采取跌停式出货，主要是利用散户抢反弹的心理。当某只股票突然大幅度地下挫甚至跌停，按大跌后一般会有大涨的规律，许多股民会冲进去买入，准备以后反弹时抛出，以获取短线利润。这种想法不能说没有道理，也确实有许多短线高手因此赚了大钱，但是，这种做法的风险是相当大的，许多股民会因此被套牢。尤其是一些主力在狂炒某只股票后，由于获利丰厚，往往会采取跌停板出货手法，在连续三日跌停之后打开跌停，诱使股民认为反弹来临，大举跟进，结果把散户套在半山腰。

对于大多数散户来说，在跌停时买入是有一定风险的，必须先判断主力是什么意图。即使要介入，也要非常谨慎，可采用分批增量的操作方法。例如，一次跌停先买 10 手，再跌停时买 20 手，跌停打开时买入 30 手，如果跌停反弹后很快就有可能获利。

五、特殊开盘手法的应对

开盘价一直是散户关心的重点，很多主力都会在开盘价上做文章，希望以此来引诱散户投资者，从而使他们做出有利于自己的买卖行为。开盘的形式主要有三种情况，即高开、平开和低开。通常情况下，这三种方式代表了想要拉升、进行整理、想要打压的主基调。当然，这三种情况可能出现完全相反的走势，这还需要对 K 线形态进行整体分析。下面我们主要讨论主力做盘的特殊手法，即大幅高开和大幅低开。

1. 大幅高开

大幅高开有两种情况，即有准备的高开和无准备的高开。

有准备的高开在股价强势拉升过程中较常见，由于个股所处的不同运行阶段有不同的差异，这种有准备的高开具有鲜明的目的性。其目的是探视以下获利盘的反应，以便再做出决策。另外，这种有准备的高开是主力完成强势洗盘的需要，这是在强势市场里比较多见的快速洗盘方法。主力利用刻意的高开后回落整理，日 K 线上就会形成显而易见的大阴线，让一些信心不足的投资者及早离场。而没有准备性的高开则会出现在市场中发生较强烈的供小于求的现象，导致股价以市场行为自然地高开，这种现象经常出现在突发性利好的时候。

那么，对于散户来说该怎样应对这种大幅高开呢？

(1) 若确认是主力在试盘，投资者就可以持股待涨或者快速跟进买入。

(2) 若确认是主力在营造上涨的氛围，为出货做准备，持有该股的散户就应该迅速减仓，或者可以暂时持有，但随时保持高度的警惕，一有风吹草动就抛掉筹码。

(3) 如果主力是在利用高开回落的手法震仓洗盘，散户要有耐心，逢低吸纳筹码。

2. 大幅低开

大幅低开是指某股票的当日开盘价大幅低于前一交易日收盘价的情况，这也是主力做盘的特殊手法之一。在盘前半分钟突然挂出一笔大卖单，把股价砸至低位。一般来说，这样做的目的包括以下几个方面。

(1) 主力在出货。
(2) 可能是股票的最后一跌，底部将马上出现。
(3) 主力在诱空，达到洗盘的目的。
(4) 新一轮的下跌行情即将开始。

通常，反转发生时或发生后的向下跳空为突破跳空，标志着一个旧趋势的结束和一个新趋势的开始。如果跳空发生在顶部的话，就是趋势将反转向下的重要信号。但是，如果某只个股跳空低开，然后再低走的话，就会收出十分明显的跳空阴线，一般投资者能很容易看得出这是出货信号，不会上当。所以，主力就发明了一种掩人耳目的新方法去骗股民，其具体做法是以跌停板的价格低开，然后再稍微拉高一点，就可以使之变成阳线，但股价其实是下跌的，也就是留下跳空缺口的向下破位阳线。这其实也是主力的出货手法之一，主要意图是使不明真相的散户误以为该类股票已经见底，于是纷纷入场抢便宜货，但是他们却白抢了，因为该股日后将继续下跌。

那么，散户该如何应对主力的这种大幅的低开呢？
(1) 如果是主力在进行洗盘，则可在底部及时介入。
(2) 如果是主力在进行出货或者是一轮下跌行情的开始，则要逢高及时卖出筹码，不要去抢反弹。

六、特殊收盘手法的应对

主力特殊收盘手法，指的是在分时走势图上接近于尾市收盘时，股价突然有所异动，出现较大幅度的涨跌幅或震荡，使全天的日 K 线形态发生了较大改变，从而也对短期 K 线组合产生了较大影响，这也将导致短线技术分析的结论发生相应的变化。

通常，临近收盘时股价突然快速下跌，次日放量低开高走，是短线上涨的信号；而临近收盘时股价突然快速上涨收于高位，次日高开低走，是短线下跌的信号。

1. 收盘前瞬间拉高

在全日收盘前 1 分钟突然出现一笔大买单加几角甚至 1 元、几元，把股价拉至高位。

主力这样做很可能是由于主力资金实力有限，为节约资金而使股价收盘收在较高位或突破具有强阻力的关键价位，采用尾市突袭，瞬间拉高。假设某股 9 元，主力欲使其收在 9.7 元，若上午就拉升至 9.7 元，为把价位维持在 9.7 元高位至收盘，就要在 9.7 元接下大量卖盘，需要的资金量必然非常大。而尾市偷袭时，由于大多数人还未反应过来，待反应过来也收市了，无法卖出，因此主力达到目的。有时甚至会出现尾盘瞬间拉至涨停的现象。

投资者遇到这种现象，千万不要贸然介入，特别是在周五的时候，很多主力会在周五把图形做好，吸引股评免费推荐，欺骗散户，使其以为主力拉升在即，周一开市，大胆跟进，而这也正中了主力的圈套。

2. 收盘前瞬间下砸

在全日收盘前 1 分钟突然出现一笔大卖单减低很大价位抛出，把股价砸至很低位。

由于大部分技术指标都以收盘价计算，改变收盘价可以直接改变技术指标的数值，但同时又不会对全天其他时间的交易产生较大影响，所以主力会选择在收盘时进行打压。通常，这样做的目的主要有以下几个。

(1) 便于把股票以低价位卖给自己或关联人。
(2) 使第二日能够高开并大涨而跻身升幅榜，从而吸引散户的注意。
(3) 使日 K 形成光脚大阴线、十字星等较难看的图形，使持股者恐慌而达到震仓洗盘的目的。

实战中，如果当天打压的幅度在第二个交易日轻松涨回，就可确定这是典型的震仓洗盘行为；如果此时 30 日均线为明显的上行趋势，股价涨幅并不是很大，就可认定是主力在打压，目的是震仓洗盘，以便收集更多的廉价筹码，这时散户就可以大胆跟进。

第四节　如何跟进坐庄周期不同的主力

根据主力坐庄的周期不同，主力可以分为长线主力、中线主力和短线主力。由于周期不同，主力所采用的操作手法也会有所不同，我们也要有相应的应对策略。

一、长线庄股的投资技巧

长线庄家多数在经济周期的谷底附近入货，在该周期峰顶附近出货。坐庄周期往往是以年计算。长线庄家往往看中的是股票的业绩，是以投资者的心态入市的。由于庄家资金实力大、底气足、操作时间长，在走势形态上能够明确地看出吃货、洗盘、拉高、出货的过程。需要注意的是，长线庄家由于持股时间非常长，预期涨幅非常大，所以要求庄家必须有雄厚的资金承接大量的卖盘，有时涨了一

第十章 跟庄技巧与实战

倍，可庄家还在吃货。而出货的过程同样漫长，到后期时会不计价格地抛出。例如大盘在顶部附近，会不时有上百万的巨盘抛出，这就是长线庄家在出货离场。

散户跟庄，应该尽量选择长线主力庄，因为这类庄家的实力很强，一般不会受挫，而且庄家炒大市所借助的手段往往是炒作大盘股板块、新板块或龙头股板块，散户易于鉴别，加上庄家进货、出货量大且时间长，因此散户可以从容应对。不过，在跟进的过程中，要注意以下几点。

1. 投资长庄股要重视基本面

对于致力于长线的主力来讲，对某个股票的炒作成功与否，在很大程度上还取决于当时的宏观经济状况。如果整个经济形势正在不断改善，宏观经济基本面良好，长线主力对个股炒作成功的概率就会比较大。相反，若宏观经济正处在不断恶化之中，即使是很有价值的个股，主力也很难将其股价推高。

有许多经济指标可以反映宏观经济的变动周期，但最适用和最具代表意义的指标有两个，即经济增长率和通货膨胀率。通过对这两个指标的历史数据进行统计分析，便可展现宏观经济的变动周期。

跟长庄股的投资者可以在一个新的经济周期开始之初，适时介入庄股。捂股三五年，做足一轮大牛市行情，而后在经济过热、各项经济指标频频发出预警的情况下，逐步卖出股票。

2. 投资长庄股要树立"全局观"

投资者要对整个市场的运行和长庄个股的长期趋势进行分析研究，而不能被市场中纷繁复杂的盘面变化所迷惑。

3. 投资长庄股要有耐心

长线主力在上市公司选择、项目策划，以至于建仓、洗盘、拉升、出货的全过程之中，都自始至终贯穿着"耐心"两个字。尤其是在建仓过程中，长庄主力往往要用较长的时间收集筹码，其间即使指数上扬，行情火爆，所选择的个股往往也表现得不温不火。因此，投资长庄股必须有耐心。

从事股市长线投资跟长线庄，必须采取以下策略。

(1) 入市时间应选择市场较为清淡时，因为这样可以避免高位套牢。

(2) 在基本面条件没有发生根本变化的情况下，无论庄家如何炒作，都不轻易抛售股票，应下决心捂股，中间也坚决不做差价，只有到自己设定的价位时方可出货。

(3) 平时可以不理会股价的波动，但中报及年报时应注意上市公司送配的方案，以免错过配股时间。

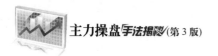

二、中线庄股的投资技巧

中线庄家看中的往往是某只股票的题材，经常会对板块进行炒作。中线庄家往往是在底部进行一段时间的建仓，持仓量并不是很大，然后借助大盘或利好拉升，通过板块联动效应节省成本，然后在较短的时间内迅速出局。中线庄家所依赖的因素都是其本身能力以外的，所以风险较大，操作起来较谨慎。

中线庄家最突出的一个特点是升幅较大，通常有五成左右，100%也是常见的，也有三四倍升幅的。正是由于中线庄家操作的升幅大，所以不少跟庄者都十分热衷于跟这类庄家。而作为机构，只要有条件，也都会尽可能做中线庄，以期获得丰厚的利润。

中线庄有一个明显的筹码收集期。由于吃进的筹码比较多，最少三成，最多可达八成，杀入个股的资金以千万元计，所以收集时间长，在 K 线图上也会留下明显的痕迹。例如，底部附近大市下跌该股不跌；大市盘整，它却攀升；等等。

中线庄的拉升大多配合中级行情或大行情进行，特别讲究顺势而为。由于拉升的幅度大，只有配合中级行情或大行情，才能顺利达到目的。另外，在派发周期上，由于中线庄家手上筹码多，派发时间自然较长，它不仅高位派发，中位也派发，甚至到了低位仍低价出售或弃庄而去。

跟中线庄家就要采取中长期投资策略，具体来说可以从以下几个方面进行。

1. 关注政策面引导

通常，决定股市中线走势的关键在于政策面的指导，因为一切经济活动都必须服从政治的需要。所以，领会政策导向是把握中线行情的主要脉络。当政府鼓励大家投资的时候，股市绝对不会坏；当市场投机气氛较浓，大力强调增强风险意识时，股市也基本到了顶了。散户要绝对相信宏观经济政策的调控能力。

2. 研判供求关系情况的变化

在一定时间内，供大于求时，股价就会下跌；而当供小于求时，股价就会上涨。因此，把握好资金面增减情况与新股扩容的矛盾所产生的变化，是估计中期走势的一大要素。

3. 观察投资者的信心

市场的波动是靠人的买卖行为发生的，而买卖行为则是由投资者对股市的认识来决定的。这种对股市的认识往往有一个渐进的过程，而不会马上逆转过来。所以，一段中级行情也是由信心的逐步丧失或逐步树立来推动的，投资者对此要具备敏锐的观察力。

根据对中期走势的研判，散户应采取以下策略。

(1) 中线炒作应在有量盘整时介入，如不注意几角钱的差价，很可能就会在主动买套时抄底成功。

(2) 买股要集中在一只股票上，但不要满仓操作，资金最好为60%～80%，留20%～40%来做波段，不轻易退出。

(3) 要注重所选股票的业绩和成长性。不管它的短线涨跌，坚决持股不放，待大盘见顶时再卖出。

(4) 抓住年报行情和中报行情。中报行情应注重绩优股，因为绩优股始终是报表行情的热点，庄家也会借题发挥；而年报行情应注重次新股，尤其是资本公积金高、股本较小、业绩又不错的股票，因为这类股票题材丰富，易受市场追捧。

三、短线庄股的投资技巧

由于短线主力买进筹码少、操作时间短，坐庄时必须隐瞒自己的行踪，所以不容易被投资者发现。因此，投资短庄股必须掌握此类个股的走势特征，熟悉主力的操盘手法，这样才能趋利避害。

1. 短线主力的特点

短线主力奉行"四不原则"：参与时间不长、参与程度不深、盈利目标不大、所选个股的流通盘不大。

短庄多数实力有限，无法长期坐庄，持有的流通筹码比例也不大，一般仅仅掌握流通盘的10%～20%。短线有10%～20%的获利空间即撤离，当然如果大势行情很好的情况，短线主力也会趁机大幅拉高。其建仓、拉高、派发的坐庄周期通常会控制在一两个月内完成。

2. 短线主力的操作步骤

短线主力操作步骤如下。

(1) 发现个股的短线介入时机，利用目标品种出现的调整走势，完成逆市建仓工作并修复图形。

(2) 收集筹码。收集筹码的方式多种多样，但根据时间长短主要有两类：第一类是悄悄地长时间收集筹码，该行为建立在主力了解上市公司的利好公布时间前提下；第二类是急速收集筹码，这种收集行为很容易引起市场的注意。

(3) 主力做大成交量吸引小散户的注意，同时拉高股价。拉升前的准备工作通常是利用1~2个交易日来完成。主力主要是通过吸引关系资金的介入继续推高股价，这样一方面可以降低市场压力，另一方面可以扩大自己在市场中的影响力。

(4) 主力拉升出货过程。这个过程可以通过两种手段形成对投资群体的吸引，即一方面通过修复好技术图形以吸引市场资金；另一方面可以通过有关渠道宣传类的广告效应达到吸引市场关注的目的。通过制造出相应的差价，形成市场跟进资金稳定流入的局面，从而实现主控资金的成功套现。

以上几个步骤中，最关键的是找到个股的短线介入时机。因为并不是所有股票都适合坐庄。只有当趋势上升环境中，个股处于无套牢盘或当前的股价远远低于历史套牢盘的时候，主力介入才能有所收获。如果逆市而为，主力同样也有被套牢的风险。

3. 寻找短线主力秘诀

显然，发现短线主力的最佳方法是寻找个股的短线介入时机，需要注意以下几点。

(1) 个股严重超跌，有强烈反弹要求，目前已经有止跌企稳迹象的个股。

(2) 技术指标严重超卖，如14日KDJ在10左右，RSI在20以下。

(3) 个股的股性十分活跃。

(4) 在大盘盘整行情中明显强于同等类型的个股。

(5) 有业绩利好等消息或题材出现的个股。

(6) 目前的股价即使出现快速上升也不会触及该股的历史成交密集区。

当发现个股有短线投机的时机后，应该关注成交量，若成交量逐渐放大，股价波动异常，这就表明有主力介入，投资者即可跟进。

4. 短庄股的周末战法

对于短线主力来讲，周末的表演是不容错过的。因为每当周末的时候，投资者往往会利用周末闲暇的时间研究一下股市行情。针对以上现象，主力会在周五把形态做得极其漂亮，往往会形成向上突破形态，技术形态极佳。而一些媒体也自然会对其进行宣传、推荐，甚至是预测股价的目标价位，使得投资者对该股前景十分憧憬。

接下来的周一，短庄股往往大幅跳空高开，在数分钟之内直冲涨停，投资者稍一迟疑，便会失去买入机会。有时候到了周二该短庄股继续高开，周一因涨停未能买入的投资者此时便会蜂拥而入，但该股强势却未能维持多久即冲高回落，主力突然大规模地派发，引起股价快速回调，同时伴随着巨大的成交量，主力赚取丰厚的利润后便迅速撤出。

对于短庄股的周末战法，短线高手若能在周末收盘前及时发现，就可以适量买入，而稳健的投资者或新股民要冷眼旁观，特别是对出现跳空缺口、放量长阳等完美走势的个股要多一分警惕。

5. 短庄股的涨停战法

短庄股的涨停战法主要是通过连续性涨停、放巨量涨停来吸引投资者，让投资者误以为该股后市有重大利好而纷纷追涨，但主力坐庄时间极短，一旦快速拉高之后，就迅速获利了结。这种坐庄的具体要点如下。

(1) 第一天先是异军突起，拉出第一个涨停，通常会冲击前期历史最高位，换手率一般在10%以上。

(2) 第二天的涨停板是短庄股涨停战法的核心所在，在连创新高后，主力在盘中制造大幅震荡，有效地动摇持股者信心而诱发其抛盘，主力趁机大幅拉高建仓。第二个涨停的最大特点是成交量奇大，换手率一般在30%以上，而且多为第一日涨停时成交量的几倍，从而达到建仓的目的。

(3) 第三天，主力早市仍会拉高震荡洗盘，清洗上一日在巨量时追进的浮筹，当日成交换手仍较大，但比前一日的天量有所减少。

(4) 经过连续多日的拉高建仓、洗盘，该股至此的换手率一般已超过80%。短线主力已完全控盘，故短期内会急速拉高，操作手法凶悍者更会以涨停开盘，而且成交量一般极小。主力利用大单封涨停连续拉升，主要是为后市派发打开空间。

缩量涨停的持续时间没有一定的标准，有时能连续多日，有时仅仅是一两天的缩量拉升。当高位再次出现巨量震荡并且成交量明显大于平均水平时，主力已处于大幅派发期，后市股价多大幅下挫。

这种反复逼空上扬的个股，上涨时通常单边上扬，而下跌时的形态较为复杂，而且时间较长。

第五节　跟庄注意事项

要学会跟庄，不仅要在技术面上有所掌握，还要有良好的心态，该止损时要止损，该弃庄时要弃庄。下面我们就来看看跟庄时要注意哪些事项。

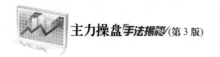

一、要熟悉主力的性质与手法

1. 摸清主力的性质

三流的主力等待机会和题材,二流的主力追寻机会和模仿题材,一流的主力则会创造机会和题材,所以跟庄首先要弄清楚主力的性质。主力是基金、机构还是游资,主力是长线庄、中线庄还是短庄,等等。只有清楚了主力的性质,才能大致了解其手法和特征,从而跟得有的放矢。

2. 熟悉主力的手法

熟悉主力的手法,这不仅要求投资者在学习阶段就能了解各类主力的通用坐庄手法,还要能在实际交易过程中熟悉当前主力的表现特征和常用手段,只有知己知彼,才能战胜对手。显然,主力在暗处,只要稍微使用一些手段,散户的心态和筹码的松紧就会一目了然,因而主力的赢面要大得多。

3. 保持独立的认知

主力要从投资者手中获得筹码,必定会折磨投资者;要在中途使投资者出局,就必然要打击投资者信心;要让投资者在高位心甘情愿接货,就必然会煽动投资者。因此,投资者要始终保持独立的认知,意识到主力从头到尾的欺骗性,对任何概念、消息、图形、指标等,都要保持警惕。

二、要掌握弃庄的时机

跟庄的过程往往会有许多意外,充满着变数。有跟庄,就会有弃庄。当这些意外、变数出现的时候,散户就要做出判断和选择。如果情况确实已经恶化,就要坚决地弃庄,不要抱有幻想,犹豫不决。一般来说,当下面这些情况已经发生或者即将发生时,就是要弃庄的时候。

1. 政策调控,不利于主力继续拉升股价

任何一个国家的股市,政策调控都将直接影响股市。在我国 A 股的历史走势中,可以看到许多头部是由政策调控造成的,如 2007 年的 "5·30" 暴跌,就是由于国家提高印花税而引起的。因此,散户要想跟庄成功,就必须把握住政策导向,广泛搜集政策信息,并精心分析这些政策信息,通过政策面的微小变化,及时发现管理层的调控意图,这样才可以领先一步。

2. 利好出尽之时

在股市中，由于信息的不对称性，庄家有时会利用掌握的信息在低位悄悄进货，并一路推高。等到消息证实时，反而是庄家逢高派发的好时机，这种情况被市场称为"见光死"。因此，当股价已连续上涨非常大的幅度后，出利好消息反而容易形成头部，这时是散户弃庄的好机会。

3. 股市进入疯狂状态时

当散户大厅人山人海，周围的人都争相谈论已经挣了大钱的时候；当散户大厅全都是新面孔的时候；当一个股市新手都可以推荐股票，并说这是庄股，目标位要拉到多高多高的时候；当大型股评报告会人满为患的时候；当开户资金大幅提高了再提高的时候，往往就是庄家大肆出货的时候，也是市场顶部形成的时候，散户这时候就要急流勇退，赶快弃庄。

4. 题材炒作完毕之前就要弃庄

主力拉升股票时利用的最主要的就是题材，几乎每隔一段时间就会有一种新的题材诞生，有的就是主力为了炒作而自编的一种题材。而炒作题材也是有时效性的，当这个题材明显已经炒过头的时候，或者一种新的题材出现的时候，也就是该弃庄的时候了。

通常一个题材的炒作，往往会经过至少两轮，第一轮可以看作疯狂期，而第二轮则可以看作是主力为了出货进行的炒作。图 10-6 所示的天音控股，就是在半年报之后疯狂拉升，到达顶部之后主力开始出货，但为了能在这个高位派发更多的筹码，主力又进行了第二次拉升，目的就是让投资者在高位接下筹码，但终究没能突破前高，待主力出货完毕，股价也就开始了漫长的下跌。

5. 技术形态出现恶化时

当 K 线图在高位出现 M 头形态、头肩顶形态、圆弧顶形态和倒 V 形态时，都是非常明显的顶部形态。日 K 线出现穿头破脚、乌云盖顶、高位垂死十字等股价见顶的信号时，要及时弃庄出逃。

从技术指标上看，当周 KDJ 指标在 80 以上，形成死亡交叉时；当 MACD 指标在高位形成死亡交叉或 M 头，红色柱状不能继续放大，并逐渐缩短时，要马上弃庄离场。

从趋势上看，当股价已经过数浪上升，涨幅已大时，如 5 日移动平均线从上向下穿 10 日移动平均线，形成死亡交叉时；当长期上升趋势线被股价向下突破时，必须弃庄出局。

图 10-6　天音控股的 K 线图

三、要学会及时止损

跟庄失败是常有的事，当庄家出逃，投资者的收益由盈转亏时，要承认失败，并及时止损。而对于止损，一直是投资者难以抉择的一个问题。很多投资者会有这样的想法："如果止损后价格反转，止损的操作岂不吃亏；如果不止损，价格继续走势不利，损失会扩大，甚至会全军覆没。"这就是散户在炒股时最难把握的地方。

据说，世界上最伟大的交易员有一个被称为"鳄鱼法则"的原则，要想成为一名成功的交易员，必须反复训练对这种原则的理解程度：假如一只鳄鱼咬住了你的脚，而你试图挣扎，那么结果往往就是你越挣扎就越陷越深。在这种情况下，要想保住性命唯有牺牲一只脚。将这个法则用在市场中，就是如果犯错导致亏损，且亏损仍在扩大，不断地超出你的预期，那么也许你应该尽快离场，不要试图通过补仓、加仓来摊低成本。

其实，止损的目的也在于此：宁伤皮肉，不动筋骨。在实际跟庄过程中，往往会出现这样的情况：几次因止损过早而失去赚钱的大好机会，但这对自己影响并不大；而几次不忍止损的错误却会使自己再也没有翻本的机会。

很多投资者在股票被深套的时候都有一个重要原因，即拥有一个"不卖不亏"的错误概念。所以大多数普通投资者在股票下跌时，死死地将股票握在手中，认为只要不卖出去，股票就不存在亏损的问题。但要知道股票在下跌过程中，账户实际的市值是处于亏损状态的，如果股票被套的时间过长，损失就会越来越大，最后连翻本的机会都没有了。

通常，当亏损在10%～25%风险相对较小，亏损在30%～45%就很危险，亏损在50%以上几乎没有翻本的机会，亏损在70%～80%可以说是彻底没有机会翻本。因为亏损在10%～25%时，本金就需要13%～40%的升值；亏损在30%～45%，本金就需要45%～70%的升值；亏损50%，本金就需要100%的升值；亏损70%，本金就需要200%以上的升值；而亏损达到80%时，本金就需要近400%的升值。

可见，跟庄时止损至关重要，是跟庄失败后唯一的保命绝招，任何招式与技术、理念都没有止损来得实际。那么，怎样去合理地设置止损呢？首先要根据自己的承受力来设置止损。比如，自己可以接受5%或者10%的亏损，就应当在亏损5%或10%的时候毫不犹豫地坚决止损，其他什么都不要想，止损后再慢慢去思考。

四、要学会主动解套

在跟庄的过程中每个人都有被套的可能。当然，套牢程度有轻有重，解套的方法也有所不同。通常，可供解套的策略有以下几种。

1. 壮士断腕策略

当庄家成功出逃，而散户被套在高位时，如果所持股票的公司营运与获利均呈衰退之势，而整体投资环境亦有转趋恶化迹象，就应该及时斩仓，尽早脱手，以求尽量减少损失；否则，拖延越久，损失越惨重。

2. 守株待兔策略

守株待兔策略是一种消极等待的方法。当散户在跟庄的过程中，已经满仓被深度套牢，既不能割，也无力补仓时，通常可以采用这种方法。前提条件是该股本质不差，而且还要能耗得起时间，如果资金不是借贷的，没有太大的机会成本，就完全可以采用这种通过时间消化股市风险的方法。

3. 换庄操作策略

当发现手上持股已经明显成为"弱势股"，短期内难有大的行情，则宜忍痛将该股脱手，换进市场中有强庄进驻的"强势股"，以期从买进"强势股"之中获利，弥补弱势股被套的损失。

4. 向下摊平策略

当整体投资环境并未变化，只因大盘出现一时性回档，而使手上持股被套牢。那么，在不扩大信用、不借钱买股票的原则下，可利用手上闲置资金，向下摊平成本。也就是说，随股价下挫幅度扩增反而加码买进，以待股价回升。

采用这种方式必须制订严格的操作计划，并控制好资金的入市数量，必须确认整体投资环境尚未恶化，加码买进的股票其基本面应无实质性变化，股价属于正常的跌落，否则，将陷入越套越深的窘境。

五、要树立正确的心态

散户之所以会被主力玩弄于股掌之间，在很大程度上是因为散户的心理弱点难以克服，从而使贪婪、恐惧、盲从的心理一次次被主力成功利用。因此，散户要想真正跟庄赚钱，就必须战胜自己，战胜自己心理上的弱点。当散户理性地对待市场，耐心地持股，以一种平常心跟庄的时候，也就是真正收获的时候。

1. 战胜贪婪

贪婪是跟庄的大忌。其实庄家坐庄的基本思路和手法无非是那几招，散户们所用的工具及软件与庄家所用的没有太大差别，散户们的操作水平也在不断提高，但是大部分投资者却仍然亏钱。其原因就是上当受骗者有一个共同的特点：贪婪。针对散户的贪，庄家们制造出一匹匹"黑马"，让那些试图抓住每一匹黑马和每一波行情的人，在筋疲力尽之后，缴械投降。

由于贪婪，投资者会习惯于重仓，甚至满仓操作，全然没有资金管理的概念，总想一口吃成个胖子。这样做的结局往往是一朝失手，满盘皆输。

由于贪婪，投资者不会放弃任何交易机会，甚至连一个小小的反弹都不愿放过，有的甚至不惜重仓参与，显示出刀口舔血的气概。但是，投资者应该明白，学会放弃也是一种境界。

由于贪婪，投资者会对每笔交易转败为胜的期望过高，当股票被套需要割肉时，就是舍不得止损，而是选择死顶硬扛。在投资者交易出现亏损和连续失利的情况下，仍不愿意减少交易，或停下来调整自己，而是急于扳本，甚至变本加厉，以图挽回损失。

由于贪婪，在建仓后，投资者会寻找各种各样的甚至是牵强附会的理由，来维持自己手中的仓位。尽管出现了各种不利的技术信号，尽管市场实际走势明显与自己的预测和判断相左，甚至背道而驰，也不愿承认错误，不愿卖出手中的股票，总认为自己是对的、市场走势是不合理的，偏执于自己既有的观点。其实，很多人都渴望自己是对的，都希望自己买的股票能赚钱，所以当一个观点形成后，只有等到撞得头破血流时，才肯面对现实。

由于贪婪，投资者在已经获利了结后，市场还在继续朝原来方向前进，投资者顿时觉得心态不平衡或懊悔不已，会以比平仓价更高的价位再追进去，结果往往会买在天花板上，或者抛在地板价上，并让以前的所获付诸东流。更糟糕的是，一旦重新追高买进的股票被套后，往往更难以决断如何处理，结果损失更多。

由于贪婪，投资者会将赢利的股票拿得过久。因为想赚得更多，当出现明显的获利退场的信号时，投资者也会视而不见，无动于衷，也不知道事先设置盈利止损，以至于当市场突然反方向剧烈运行时，将辛辛苦苦获得的浮盈悉数回吐。尽管"让利润充分成长"的股市格言没有错，但必须懂得见好就收的道理，尤其是不要忘记做好盈利保护。有人说，因贪婪而停留过久的仓位，比因为害怕亏损而离场的仓位，让我们输得更多。

那么，散户该如何克服自己的贪心呢？

放低自己对收益的预期也许是克服贪婪的最好办法。一般来说，中线庄家成功做一次庄的净利润无非在 50%～60%，国外一些著名的投资基金的年收益也大约为 30%。但是在中国股市中却有人不切实际地将"半年翻一番""十年二十倍"作为自己在股市中盈利的目标。结果不到几年，老本就输个精光。可以说学习炒股的过程就是克服贪婪的过程和培养自知之明的过程。投资者应当在入市之前就为自己制定一个合情合理的利润目标，然后用平常心看待股市的潮起潮落。当散户控制了自己的贪心时，手段再高明的庄家也没有办法。

2. 战胜恐慌

恐慌心理是影响跟庄成功与否的重要因素。即使是一个聪明人，当他产生恐慌心理时也会变得愚笨。在跟庄过程中，恐慌常会使散户的投资水平发挥失常，屡屡出现失误，并最终导致投资失败。因此，恐慌是投资者在股市中获取盈利的最大障碍之一。投资者要想在股票市场中取得成功，必须克服恐慌。

当主力需要吸筹时，通常会进行打压股价，造成股价大幅下跌，散户就会自然而然地产生恐慌心理，当承受不了这种压力的时候，就会抛出手中的筹码。主力往往会通过一个消息的散布，让散户感觉股价已经无力回天。比如，公司公告将出现严重亏损、公司公告债务缠身等，给人的感觉是这家公司马上要倒闭破产，或者公告将被 ST 或暂停上市等。

那么，散户该如何战胜自己，克服恐慌心理呢？

第一，操作前，要了解清楚庄家和股票的具体情况。

有些投资者在还不了解某只股票的情况下，只是因为看到股评的推荐或亲友的劝说以及无法确认的内幕消息而贸然买入，这时心态往往会受股价涨跌的影响而起伏不定，股价稍有异动就会感到恐慌。因此，尽可能多地了解所选中个股的各种情况、精心做好操作的前期准备工作，是克服恐惧的有效方法。

第二，要合理控制仓位。

跟庄操作中要有完善的资金管理计划，合理地控制仓位结构，不要轻易满仓或空仓。如果投资者的仓位结构不合理，满仓或空仓时，心态也会因此变得非常不稳定，最容易趋于恐慌。

第三，要学会坚持和忍耐。

当主力大力震仓洗盘的时候，散户要采取忍耐的态度。历史规律表明，真正能让投资者感到恐慌的暴跌一般持续时间不长，并且能很快形成阶段性底部，所以，越是在这种时候，投资者越是要耐心等待。

第四，要树立稳健灵活的投资风格。

对于中长线的投资来讲，选股时往往会重点选择优质蓝筹类个股或者业绩优良的个股。在遇到股价出现异动时，往往不容易恐慌。而那些致力于短线投机炒作的投资者，心理往往会随着股价的波动而跌宕起伏，特别是重仓参与短线操作时，获取利润的速度很快，但判断失误时造成的亏损也巨大。因此，投资者要适当地控制投资与投机的比例，保持稳健灵活的投资风格，这将十分有利于克服恐慌心理。

3. 要有耐心

在股票市场投资的过程中，需要决策和行动的时间往往很短，而需要等待和忍耐的时间却往往很长。主力通常是利用散户缺乏耐心的弱点进行震仓洗盘，从而达到吸筹的目的。股票刚一买入就马上上涨的概率很小，特别是中长线投资者常常要经历洗盘、震荡、回档、盘整等过程，这正是考验投资者耐心的时候。

从事股票投资的人，必须培养良好的忍耐力，这往往是成败的一个关键因素。不少投资者，并不是他们的分析能力低，也不是他们缺乏投资经验，而是欠缺耐力，过早介入或者出局，于是招致无谓的损失。耐心等待那些对你而言最确定的机会交易是一个规则，也是一种策略。

在实际操作的过程中，投资者要注意以下几点。

(1) 买入前的分析要尽量仔细，不要盲目进场，要耐心等待较好的买点出现。

(2) 进场时逐步买进，若判断买点有误也有补救的资金或被迫出局也不会有太大的损失。

(3) 持股时要有耐心地跟随上涨趋势，没有明确的进出信号别乱动仓位。

(4) 卖出时，根据庄家动态、个股上涨趋势、技术状态决定出局的点位，抛出以后，当下一个明确的买入信号出现之前，一定要耐心等待。

4. 保持平常心

跟庄需要平常心，以一种平静淡然、宠辱不惊的心态入市。胜不骄，败不馁，保持心理稳定，戒除急躁、犹豫、贪心和恐慌心理，不断地进行自我控制和调节。跟庄不仅要面对市场的变化，还要直接承受庄家种种操盘手法动作的煎熬考验。庄家的手法本来就是直接针对市场投资者的大众心理而使用的，目的就是使市场大部分投资者受到影响，按照其愿望动作，最终达到自己的目的。所以投资者必须保持身心平静愉悦，精、气、神、脑力保持良好的状态，以此分析判断庄家的意图。如果没有平常心，就会每天为股票担心忧愁，不仅身心会受到伤害，策略也容易出错。

所以，投资者一定要经常反省自己、调节自己的心态，不要在情绪波动的时候作出买卖股票的决定。动怒、急躁是人自身的天性，能控制自己的情绪，那就到了炒股的一种高境界，跟庄也就会轻松许多。

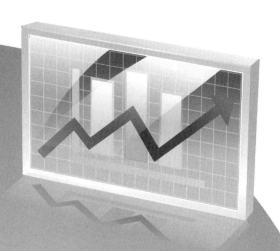

第十一章

把握交易关键点

本章我们将通过一系列案例来探讨跟庄过程中的一些实战技巧，如利用成交量把握买卖点、利用分时图实现盘中获利，以及通过移动平均线进行高抛低吸的操作等内容。相信通过本章的学习，大家一定有不少收获！

第一节 分时图中不可错过的买卖点

分时图走势是每位投资者都要认真研究的。分时图如果把握得好，买入当天就会有不小的获利空间，或者当天能卖出一个好价钱。另外，也可以利用分时图的一些规律，在盘中实现"T+0"的操作，以降低投资成本。本节我们就来了解几种分时图的买卖点位置。

一、利用分时图把握买点机会

首先，我们来了解几种买点位置。

1. 早盘快速触及涨停后回调至均线

这种现象是早盘高开，然后迅速拉升并触及涨停板的位置，但却没有封死，而是震荡着向下回调，当触及均线位置开始向上反弹时，投资者就可以适当买入。通常，这类股票当天都会再次封涨停板，投资者可等到次日高开或者冲高时获利出局。

图 11-1 所示的皇庭国际，高开后连续向上拉升，直至封住涨停板，随后回调至均线位置再次向上运行，说明均线有一定的支撑，投资者可以在此时迅速买入。不过需要指出的是，如果此时股价已经处于较高位置，就要谨慎参与，若次日没有达到预期的股价，则应该止损出局。

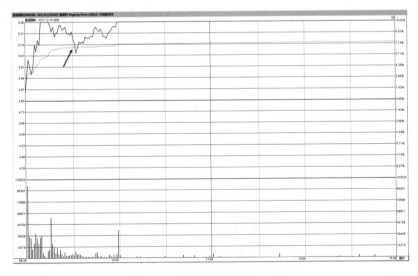

图 11-1　皇庭国际某日的分时图

2. 突破整理平台高点

向上突破平台是指股价在某一位置横向整理，波动幅度很小。均线在整理期间基本呈水平线状态发展，没有太大幅度的波动。当股价向上放量突破整理平台时，投资者可适当参与。

图11-2所示的川能动力，早盘一波拉升之后一直维持在一个平台窄幅震荡，表现比较沉闷，但午后开盘，突然放量突破了平台。这时就是一个非常好的介入机会，投资者可以大胆买入做多。在操作时，要注意突破时必须放量，若能配合其他技术指标，观察效果会更好。

图11-2 川能动力某日的分时图

3. 均线有效支撑反弹

均线支撑就是指股价每次跌到均线的位置(或短暂穿越均线)都会受到均线的支撑，止跌反弹的走势。在分时图上出现这种走势，说明多方力量活跃，在与空方较量的过程中占据了主导地位，使股价下跌趋势得到反转。

图11-3所示的许继电气，在某日就走出了均线支撑的走势。遇到这种走势的个股，投资者可以先观察一下，若两次触及均线都能得到支撑，那么再次触及均线反弹时则可以适当买入。

在实际操作中，投资者遇到这种走势，股价本身只要不是处在高价位区域，在其下跌过程中，触到均线后均能出现有力的反弹，这时就可以介入，稳健型的投资者通常可以在收盘之前再买入，这时走势已经确定，持有的风险较小。如果股价已经在高位区域时出现这种走势，投资者最好持币观望，因为这很可能是主力为了出货而制造的陷阱。

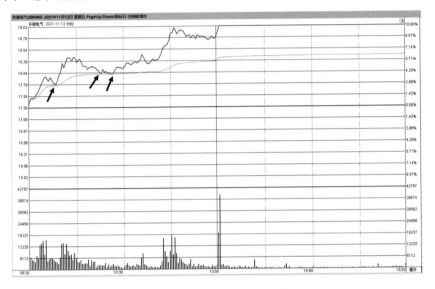

图 11-3　许继电气某日的分时图

4．放量突破前日收盘线

股价由下向上运行的过程中向上突破了前日的收盘线，此时如果伴随着成交量的明显放大，就是一个非常好的买点，一般情况下当天就可以获利，短线投资者可以在次日寻找一个高点，卖出股票。如果突破时没有大成交量的配合，那么股价很有可能会再次反转向下，而前日收盘线则会转换为阻力线。

图 11-4 所示的滨海能源，股价全天大部分时间在前日收盘价之下运行，下午 2 点左右开始震荡向上拉升，随着成交量的增多，一举突破了前日的收盘线，而突破后也持续保持着较大的成交量，直到封涨停。

5．震荡盘升

震荡盘升的走势形态通常会出现在股价刚启动的上涨行情中，或者是横盘整理一段时间后继续向上拉升的时候。虽然在走势图上是上下震荡的曲线，但是股价的整个重心还是在不断地向上移动。出现这种走势，说明多方力量和空方力量在一路较量，随着空方力量越来越弱，多方力量占领市场，股价不断向上走高。

图 11-5 所示的川能动力，就是一个震荡盘升的走势。在实战中，投资者要

第十一章 把握交易关键点

结合 K 线图来具体操作。当股价在低位区域时，出现震荡盘升的走势形态，就可以多加关注，当股价渐渐脱离震荡平台，开始向上拉升时，就可以参与持有。如果股价已经在高位区域出现这种走势，建议投资者持币观望，在拉升时可以少量参与，但要注意规避风险。

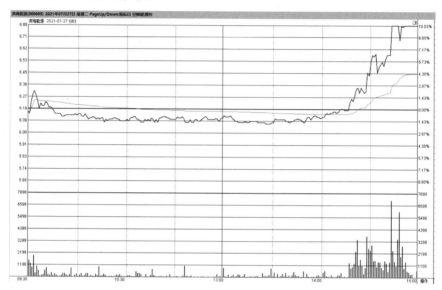

图 11-4 滨海能源某日的分时图

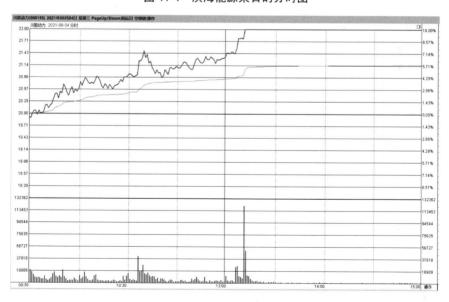

图 11-5 川能动力某日的分时图

二、利用分时图把握卖点机会

1. 涨停开盘瞬间开板下探

有些个股会在某个利好的刺激下以涨停价开盘，但封单不大，一些前期累积的大量套牢盘则会乘机卖出。有时是延续前一交易日的强势，当天以涨停开盘，但由于获利盘的大量抛出，而导致开盘后即快速向下运行。无论哪种情况，这种一开盘就开板下探的走势，当天再次封板的可能性不是很大，投资者应该择机出局。如果开盘没能来得及出手，那么最好的卖点位置，则是下探后的第一次反弹的高点，一旦看到反弹无力，又开盘调头向下时，可果断出手。图 11-6 所示的南京公用，就出现了这种走势。

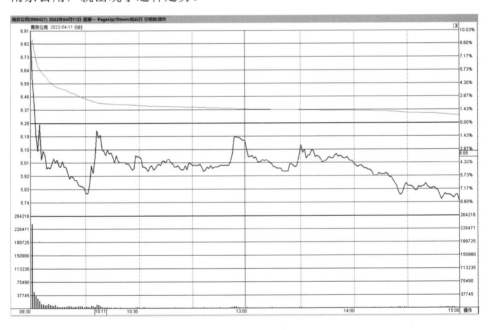

图 11-6　南京公用某日的分时图

2. 开盘后多次受均线压制

受均线压制是指股价每次上升到均线附近或者上穿均线后，就会受到均线的压制再次反转向下的走势。在这种走势中，全天大部分时间的均线一直处在股价线的上方，出现这种走势，说明均线上方有一定的压力，空方在市场中占主导位置。

第十一章 把握交易关键点

图 11-7 所示的云鼎科技就是比较典型的受均线压制的走势,股价线一直在均线下方震荡下挫,每次靠近均线都无功而返,这是因为其在均线附近,会遭到上方的打压而被迫调头下行。遇到这种情况,投资者可以考虑卖出。受收盘线压制的情况与之类似,这里就不再单独举例。

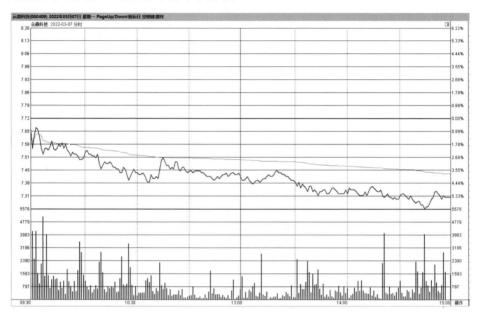

图 11-7　云鼎科技某日的分时图

3. 三次冲板无果回落时回避

股价盘中连续向上拉升,连续三波都即将触及涨停板或者触及涨停后无法封住,这时就要考虑先卖出筹码,静观其变。正所谓:"一鼓作气,再而衰,三而竭。"连续三次都无法封住涨停板,就会在一定程度上打击多方信心,股价转头向下的可能性极大。即使做中长线的投资者,也可以先卖出股票,待回调至一定程度时再接回,这样就可以降低持股成本。图 11-8 所示的仁和药业,就出现了这种多次冲板不成功的现象。

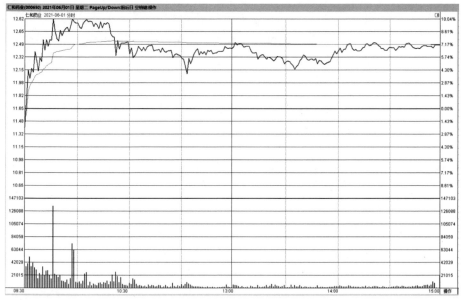

图 11-8　仁和药业某日的分时图

4. 涨停板多次打开跌破均线卖出

涨停板被打开，通常有以下几个原因。

(1) 主力实力不强，加上跟风盘很少，多空双方出现较大分歧，这种现象通常会导致股价出现一定幅度的调整。

(2) 主力借涨停板出货，主要出现在股价上涨的高位区域，前面章节已经讲过这种手法，此处不再赘述。

(3) 主力借涨停板吸筹，让一些意志不坚定的投资者获利抛出，以提高整体的持仓成本。这种手法主要出现在上涨的初期或者上涨途中。

因此，要学会区分是哪一种类型的涨停板，通常可以从股价所处的位置进行分辨。这里讲的主要倾向于前两种情况，当涨停板多次打开，一旦跌破均线的支撑，则要考虑清仓出局。

图 11-9 所示的中山公用，早盘在冲上涨停板之后就不断地被打开，且每次打开都是大单砸盘。这种情况下，投资者就要考虑回避了。

第十一章 把握交易关键点

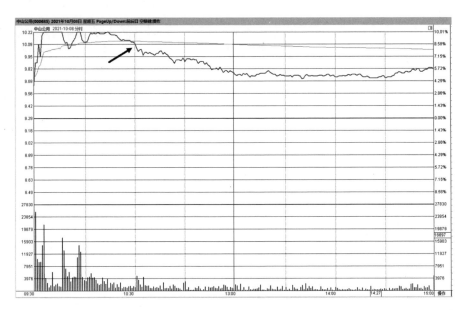

图 11-9 中山公用某日的分时图

第二节 利用移动平均线把握买卖位置

移动平均线对股价的走势有着非常大的影响。从技术上分析，当股价运行在平均线之上时，平均线起着支撑与助涨的作用；而当股价运行在平均线之下时，平均线则起着压力与助跌的作用。下面我们来了解几种通过移动平均线把握买卖点的方法。

一、利用移动平均线把握买点

1. 20 日(或 60 日)均线支撑

股价在上涨过程中，遇到阻力回调至 20 日(或 60 日)均线附近得到支撑。再次反弹时就可以适当买入，中线持有往往会有不小的收获。图 11-10 所示的南华生物，从底部震荡上升，这期间一直未跌破 20 日均线。在这种情况下，说明 20 日均线会有一定的支撑作用。遇到此类股票，一旦股价触及 20 日均线，就可以适当买入，持股待涨。

2. 一阳穿多线

一阳穿多线通常出现在股价的整理末期，长期的整理让大多数散户被迫放弃手中的筹码。而主力在完成洗盘的目的之后也迫切想要摆脱当前胶着的状态。一根阳线上穿多条均线，说明主力做多意愿明显，此时往往会伴有较大的成交量。这个成交量的产生，一方面是由于那些长期忍受洗盘折磨的散户抛出的；另一方面也是主力为了制造气氛对倒生成的，当然也有一些跟风盘共同推动。图11-11所示的北清环能就出现了这种一阳穿多线的情况，股价之后也进入了震荡上涨的活跃期。

图11-10 信雅达的K线图

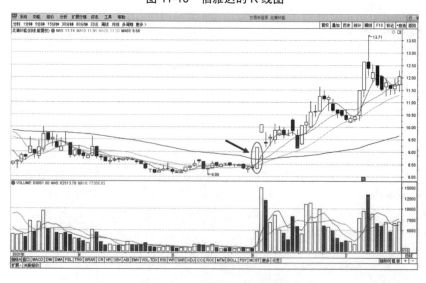

图11-11 北清环能的K线图

3.底部金三角

股价在经过一波下跌行情之后，5 日均线上穿 10 日均线，随后 10 日均线上穿 20 日均线(或 30 日均线)，在相对低位形成封闭的三角，这种形态通常被称为"底部金三角"。这种形态比黄金交叉的看涨意义更强烈。遇到此类图形，投资者可以积极买入。

图 11-12 所示的京山轻机，股价经过前期大幅下跌后到达底部。在股价开始触底反弹时，5 日均线即向上突破了 10 日均线，并且两条均线同时向上运行。在此之后不久，10 日均线又向上突破了 20 日均线。这三条均线在底部形成了一个封闭的三角形。从该股 K 线图中可以看出，在出现该三角形之后，该股的上涨行情持续了相当长一段时间，升幅也非常可观。

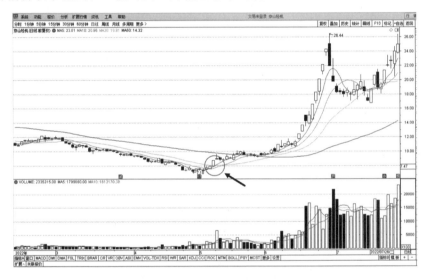

图 11-12　京山轻机的 K 线图

4. 有效突破 60 日均线

股价经过长期大幅下跌后触底反弹，但是反弹的幅度不大，一般不会超过 30%。如果此时股价继续上涨，突破 60 日均线，就表明主力已经吸筹完毕，这也是中期行情启动的信号，中线投资者可以积极介入。

图 11-13 所示的天瑞仪器，股价筑底成功之后开始向上反转运行，运行到 60 日均线附近时突然放量突破 60 日均线，表明了多方的做多决心。此时中期投资者可以积极关注，大胆介入，持股待涨。

5. 均线向上发散

均线从相互交织到向上发散，表明了主力的做多意愿，当多条均线都向上形成多头排列，股价运行在均线上方，下面的均线则起到一个支撑和助涨作用。因此，一些均线开始向上发散，往往会有一波较好的行情出现，短期的回调也不至于将散户套牢。图11-14所示的京城股份，之前股价一直在底部徘徊，突然的连续放量使得股价摆脱底部区间，均线也呈现出向上发散的状态。结合前期长期的低迷走势，投资者大致可以判断出股价即将启动，因此可以大胆介入，中线持有。

图 11-13　天瑞仪器的 K 线图

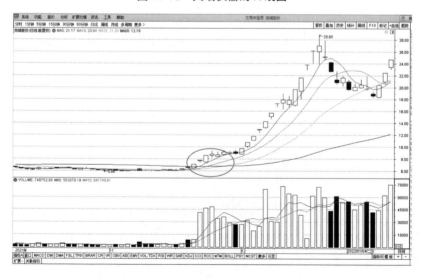

图 11-14　京城股份的 K 线图

二、利用移动平均线把握卖点

1. 高位死叉

股价运行到高位后上涨动力开始衰竭,股价由涨转跌。当 5 日均线向下穿破 10 日均线形成一个交点时,后市的下跌行情基本确立,该点被称为死叉。在高位遇到这种走势时,投资者应该卖出筹码。

图 11-15 所示的本钢板材,股价在上涨到高位后,由于获利盘的抛售导致上涨动力枯竭。随后股价开始走弱,随着 5 日均线向下穿破 10 日均线形成死叉,后市下跌的行情已经基本确立,此后该股便走出一波下跌行情。

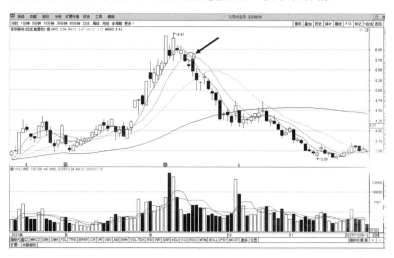

图 11-15　本钢板材的 K 线图

2. 大阴线跌破 60 日线

股价在上涨的过程中,60 日线往往起到了非常大的支撑和助涨作用,一旦 60 日线被有效跌破(通常跌幅在 3%以上),则不宜继续持有,应该果断卖出筹码,特别是前期经过了大幅上涨的股票。但是,若之前股价刚刚启动,突破 60 日线之后又回调跌破 60 日线,则另当别论。

图 11-16 所示的珠海港,自顶部反转向下,至 60 日线位置直接一根跳空的大阴线跌破了 60 日线,说明 60 日线的支撑力度很差,这预示着接下来很可能会继续下调,投资者此时应该果断卖出。

3. 断头铡刀

股价在高位某一个范围内反复整理,均线也交织在一起运行。某日突然出现一根放量大阴线，连续跌破多条均线。出现这种情况，表示股价已经形成顶部，后市极有可能就此展开下跌行情。如果是在股价大幅上涨后的高位，投资者应该果断出仓。

图 11-16　珠海港的 K 线图

图 11-17 所示的*ST 方科，在经过前期不断上涨之后，在高位出现滞涨，短暂的整理之后，突然收出一根大阴线，且该阴线连续跌破三条均线。这种情况足以说明空方力量强大，投资者应该尽快卖出股票，避免损失。

图 11-17　*ST 方科的 K 线图

4. 高位死三角

股价经过一段时间的上涨之后，在高位区域，5日均线在高位下穿10日均线，随后10日均线下穿20日均线(或30日均线)，形成封闭的三角。这是一种强烈的看跌信号。图11-18所示的远兴能源，就在高位区域形成了一个死亡三角形，股价也在该形态形成之后一直处于熊市状态。

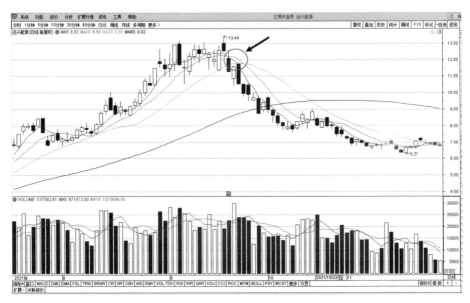

图11-18　远兴能源的K线图

5. 反弹遇阻60日均线

股价在跌破60日均线之后向上反弹，但在反弹至60日均线附近时遇阻，或者短暂上穿60日均线之后又继续下跌。这说明空方力量占据主动地位，后市继续看跌，此时投资者应该尽快获利了结。

图11-19所示的中南建设，股价在高位出现反转后跌破了60日均线。此后触底后出现反弹，但到了60日均线附近却无法有效突破。这说明反弹动力不足，该股下跌趋势并没有得到扭转，空头势力依然占据主动，错过在高位出货的投资者，应该在此时果断卖出。

图 11-19 中南建设的 K 线图

第三节 把握成交量的机会

主力在操盘时，为了迅速达到目的，往往会采用一些较为极端的操作方式，如突然涨停、跌停，突然放量，或者突然大幅高开等手法，让投资者摸不清其操作意图，从而达到掩人耳目、混淆视听的目的。对于这样的做盘手法，普通投资者应该如何应对呢？下面我们就来了解几种根据成交量把握买卖点的技巧。

一、 根据成交量把握买点

1. 底部突放巨量

当股价下跌到一定幅度以后，就会吸引庄家入驻建仓，这时股价的下跌趋势会逐步减缓。当庄家基本完成建仓任务时，股价会逐步进入筑底阶段，在这个阶段，股价下跌的幅度会明显放缓，有些甚至会出现横盘整理的走势。在筑底阶段，成交量会呈现出萎缩状态，因为大量的筹码已经被庄家锁定了，而能够坚持下来的投资者，他们的持股信心大多是很坚定的，不会在这个阶段往外抛售筹码，因此成交量也就不可能出现放大。

筑底成功之后，庄家就会向上发动攻击，试图把股价拉离建仓成本区域。此时庄家会采用对倒的手法来拉升股价，因此收盘时会收出一根放量的阳线，出现的这种走势，就称之为"底部放量"。

图 11-20 所示的春风动力，成交量一直是萎缩状态。随着一波下跌行情结束以后，突然放出巨量，将股价拉至涨停，并且一举突破 60 日线位置，标志着主力有向上拉升的动作，而随后两天的连续放量拉升，并且突破前面高点，标志着主力正式启动行情。

图 11-20 春风动力的 K 线图

2. 股价回落时缩量

一些个股经过一段时间的上涨之后，庄家往往会让股价停顿不前，以清洗盘面上的浮筹，在这个过程中，成交量会呈现出萎缩状态，同时股价维持在小幅度范围内波动。从成交量的变化以及股价的运行情况来看，说明此时持股者信心比较稳定，否则在股价停顿不前的时候，就会产生不断抛售筹码的现象，这样必然会导致成交量放大。如果在这个过程中成交量出现萎缩，就可以断定盘中的浮动筹码不是很多，股价经过洗盘之后，将会再现一波上涨行情。

图 11-21 所示的上海洗霸，股价筑底成功后便开始向上反弹，反弹初期，每次股价回落，成交量都会迅速萎缩，随着股价再次向上拓展空间，最终走出了一波上涨行情。

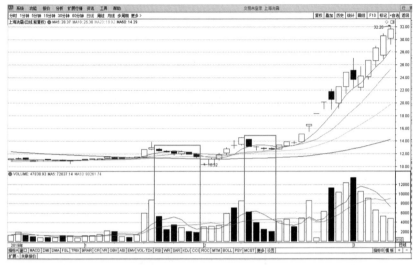

图 11-21　上海洗霸的 K 线图

在实际操作过程中,如果在股价上涨的中途出现这种缩量整理的走势,只要股价是在小幅度范围内波动,持股者就无须担心,一旦股价放量向上拉升,就标志着洗盘结束,新一轮上涨行情开始了。激进型投资者可以在止跌企稳时买入,稳健型投资者则可以在成交量开始出现放大并突破前期高点时介入。

3. 温和放量拉升

股价脱离底部区域逐步攀升,在股价上升的过程中,随着场外资金慢慢地入场,成交量开始呈现出有规律的逐步递增的放量,股价上涨的节奏也比较稳健,这种现象就叫作温和放量拉升。

其形成过程大致如下:股价经过一波下跌行情之后,就会逐步进入筑底阶段。做空的力量在股价不断下跌的过程中逐步得到释放,由于下跌动能逐渐减弱,股价下跌的速度也会随之放慢。而由于股价经过大幅度下跌,因此必然会引起场外资金的关注。随着场外资金的陆续进入,股价开始慢慢回升,形成上涨趋势。原来看空的投资者,也会逐步转化为多头。在这种平稳的多空力量转化下,成交量随之出现逐步递增的温和放量,股价缓缓攀升,最终形成量增价涨的上涨趋势。

在拉升初期出现温和放量,实际上是股价运行趋势转化的一个必然过程,它标志着股价由原来的下跌趋势转化为上升趋势。股价经过一波长期的下跌行情之后,在底部区域出现这种温和放量的走势,预示着股价即将出现一波上涨行情。

图 11-22 所示的博雅生物,在上涨初期就出现了温和放量的形态,股价随着成交量的逐步放大呈现出平稳向上攀升的走势。随着股价的上涨,均线也开始向

上发散,并走出了一波上涨行情。

图 11-22　博雅生物的 K 线图

在实战中,如果在大幅下跌的底部区域遇到这种走势,要择低买入,如果错过了前期买入机会,则可以在股价首次回调时买入,因为在初期股价通常会有一个回落的过程。当股价回落到 10 日均线附近得到支撑后,投资者就可以放心地买入。

4. 缩量横盘整理

股价向上运行一段时间之后,随着股价的不断上涨,盘中积累的获利筹码也会越来越多。这些获利筹码积累到一定程度后,就会影响庄家接下来的拉升操作。庄家为了清洗盘面上的浮动筹码,会让股价进行一段时间的横盘整理。横盘时间的长短没有固定的标准,不同的庄家在不同个股上采用的手法也不一样,因此横盘的时间有长有短。但不管怎么样,只要是庄家洗盘导致的横盘走势,那么在这个阶段成交量都会缩量。需要注意的是,缩量横盘并不一定就是庄家在洗盘,投资者要区分这两个概念。

在洗盘的过程中,庄家会让盘中的散户自由买卖。也就是说,在这个过程中,庄家不会过多地干涉股价的运行,但会让股价维持在一定的波动幅度内。当股价运行到庄家预定的波动幅度上限时,庄家就会出来打压。同样,当股价运行到庄家预定的波动幅度下限时,庄家就会出来护盘。这样一来,股价既难以上涨,同时也难以下跌。

遇到缩量横盘整理的个股时,如果股价经过缩量横盘整理之后向上放量突破，一旦股价成功突破横盘整理时的最高点，那么投资者就可以放心地入场买进。如果股价经过缩量整理之后向下破位，并且下跌时成交量明显放大，那么此时就不要去碰它，因为股价接下来很可能会出现一波调整行情。

图 11-23 所示的冀东装备，该股走出一波上涨行情之后，就出现了缩量横盘整理的走势。经过短暂的缩量整理之后继续向上攀升，随后走出了一波持续上涨的行情。

图 11-23 冀东装备的 K 线图

二、利用成交量把握卖点

1. 高位缩量上涨

有些个股在运行到市场高位区域时，会出现一个短暂的整理，在整理之后，股价继续向上攀升，但成交量却出现了快速的缩量，这种走势就被称为"高位缩量上涨"。当个股出现这种走势时，标志着股价的上涨即将接近尽头，很快就会迎来下跌行情。

当股价经过一波大幅度上涨之后，买盘就会逐渐减弱。此时，不管场内还是场外的投资者首先要考虑的就是风险问题，所以入场热情远不如以前。而庄家也不会主动吃进筹码拉抬股价了，反而会不断地隐蔽出货。在这些因素的作用下，成交量就难以出现放大。没有成交量的支撑，股价也难以继续向上拓展空间。

图 11-24 所示的深南电 A，该股就是在股价上涨到高位区域时出现了缩量上

涨的走势，也就是常说的无量空涨。经过短暂的上涨之后，股价随即调头向下，最终引发了一波快速的下跌行情。

图 11-24 深南电 A 的 K 线图

实际操作过程中，在高位区域时，股价在继续上涨的过程中如果出现快速的缩量，一旦股价上涨无力，持股者就要立刻卖出，持币者最好不要参与操作。特别是出现缩量横盘整理的走势，一旦股价缩量整理或者是上涨之后调头向下时，投资者就要立刻卖出。而有些个股经过缩量整理之后，会出现放量向上的假突破。如果拉出一根放量大阳线，紧接着第二天股价出现走弱并且跌破这个整理平台，此时投资者就要果断卖出，不要对后市抱有幻想。

2. 放量涨停出货

当庄家把股价拉升到一定高度之后，接下来的目的就是要想方设法地出货，在出货过程中，聪明的庄家会在神不知鬼不觉的情况下，将自己手中的筹码抛售给散户。在这个过程中，为了掩盖自己出货的迹象，庄家就会不断地制造陷阱，出货时，股价往往会继续维持上涨的走势，并且会在出货的后期直接把股价拉至涨停板。这样一来，场外的投资者看到股价冲击涨停，就会认为后市股价必将再现一波上涨行情，从而选择入场，庄家正好趁这个机会把筹码一一抛售给这些投资者，以至成交量在涨停当天迅速放大。

放量涨停当天产生的成交量主要来自两个方面：一方面是庄家不断地采用对倒的手法拉高股价产生的成交量；另一方面是散户看到股价大幅上涨，主动进场买进而产生的成交量。

图 11-25 所示的泸天化，股价经过一波震荡上涨之后，庄家便采用了这种拉涨停出货的方式，最后疯狂拉升三个涨停板后股价开始反转下跌。如果我们仅从技术形态来看，放量上攻可以看作一个看涨的信号。但我们打开这几天的分时图（见图 11-26、图 11-27）往往可以看出一些猫腻——要么是打开涨停，要么是勉强封上涨停，出现这种情况，投资者就必须考虑主力出货的因素。一旦有大阴线出现，则应该以卖出为主。

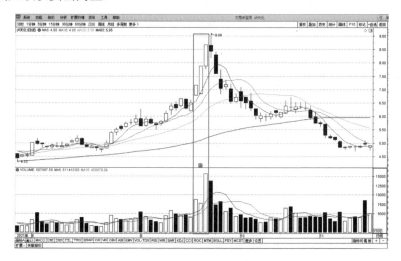

图 11-25　泸天化的 K 线图

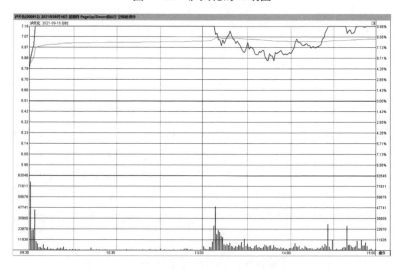

图 11-26　泸天化 2021 年 9 月 16 日的分时图

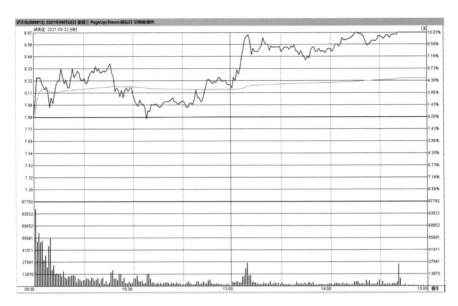

图 11-27　泸天化 2021 年 9 月 22 日的分时图

在实际操作过程中，遇到股价在大幅度上涨的高位区域出现放量拉涨停走势的个股时，投资者就一定要小心，庄家往往会采用这种拉涨停的方式引诱投资者接盘，从而达到自己出货的目的。此时，很多抵挡不住诱惑的散户就会上当，最终导致被深套在其中。当在高位突然出现这种放量拉涨停的走势，投资者一定要注意观察股价在分时走势图上的动态。如果在冲击涨停的过程中，盘中出现了大量的对倒盘，那么基本上就可以断定是庄家在出货了。此时投资者可以在出现这种走势的当天，在涨停时果断卖出。有些个股在放量涨停后，往往会有一个冲高的过程。投资者遇到这种走势的个股时，一定要密切关注盘中的一举一动，一旦后市股价上涨无力，就要立刻卖出。而如果涨停后第二天股价出现大幅度低开，甚至是跌停开盘，那么投资者就应该在股价上冲的过程中卖出，如果当天没有上冲，则收盘前一定要卖出。

3. 高位天量大阴线

我们经常可以看到有些个股在高位区域突然放出巨大的成交量，但是股价却没有上涨，截至收盘时收出一根长阴线，这种走势就称为高位天量大阴线。从量能转换来看，在高位收出长阴线时，成交量出现明显放大，这说明当天的抛售很严重，市场上出现了供过于求的现象，卖方在主导着这个市场。

股价经过大幅度上涨之后，就会有一部分投资者考虑套现，庄家更是明白这一点,因此,在收益达到了庄家预期的盈利目标之后,庄家就会考虑套现出局了。然而,庄家手中握有大量筹码,想出局并不是那么容易,既要保证利润最大化,又要出得顺利,让散户大量接盘。因此,在撤离之前,肯定会制造一些假象,否则庄家很难在有限的时间内顺利地将筹码抛掉。比如,在高位先横盘或者维持震荡走势一段时间,然后再采用对倒的手法让股价突然出现大幅度高开,遇到这种情形,会有相当一部分投资者认为新一轮上涨行情就要开始了,于是纷纷入场买进,庄家正好趁这个机会不断地抛售筹码。在场外资金的不断涌入的情况下,成交量自然而然地就会大幅度放大,但是股价高开后并没有出现如期的上涨,反而出现了震荡回落的走势,最终收出一根放量的长阴线。

实战过程中,投资者应该在出现巨量长阴当天清仓出局。如果当天没有卖出,第二天如果股价低开的话,那么一开盘投资者就应该果断地卖出,不要对后市抱有幻想,因为此时参与的风险要远远大于收益。即使股价继续震荡向上,也应该时刻保持警惕,一旦股价上涨无力,投资者就要立刻出局。

图 11-28 所示的电广传媒,就是一个典型的高位放巨量收长阴线的例子,随后股价就开始下跌。

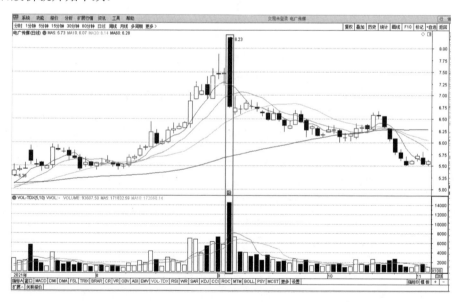

图 11-28　电广传媒的 K 线图

4. 高位放量滞涨

这里所说的高位放量滞涨,指的是在股价运行到市场高位时,成交量出现明显的放大,但股价却没有随成交量的放大而上涨,反而是出现高位震荡甚至是不

第十一章 把握交易关键点

涨反跌的走势。

出现这种走势，主要是由于庄家出货控盘造成的，之所以出现放量，是因为庄家在不断地出货，然而在出货的过程中，庄家又不希望被散户察觉，因此不会让股价出现大幅度下跌，让散户投资者感觉股价还有继续上涨的空间，因此就会纷纷入场买进，接手庄家抛售出来的筹码，从而导致成交量放大股价却没有上涨的滞涨现象。

从量价关系的角度来看，庄家正是抓住了投资者对股价与成交量之间的片面认识，从而达到了掩护自己出货的目的。从这里可以看出，在股价运行到市场高位区域时，股价并不一定会继续上涨。

所以，当股价运行到市场高位区域出现放量滞涨时，就说明股价的上涨动力正在逐步衰退，成交量的放大只是由于卖方即庄家控盘出货导致的，并不是买方主导市场产生的成交量。经过一段时间的放量滞涨之后，随着庄家出货接近尾声，股价必然进入下跌行情。

图 11-29 所示的南玻 A，在高位区域出现了这种放量滞涨的现象，随后股价就走出了一波下跌的行情。

图 11-29　南坡 A 的 K 线图

实战中，如果遇到在高位区域放量滞涨的个股时，投资者一定要时刻注意，一旦股价上涨无力，就要果断清仓出局。一旦后市出现大阴线或者股价跌破了 20 日均线的支撑，那么投资者就要无条件出局，不要再对后市抱有什么幻想。

5. 高位放量跳空

股价运行到市场高位时，突然收出一根高开低走的放量长阴线，紧跟着第二天股价向下跳空低开，并最终收出阴线，这种走势被称为"高位放量跳空"。对于这种走势，出现第二根阴线时不一定非要放量。

当出现这种走势时，就标志着庄家出货基本接近尾声。当庄家把筹码出得差不多的时候，庄家就不会顾忌太多了，只要有人买进，庄家就会抛售，导致股价放量大幅下挫，并最终收出长阴线。在收出放量长阴线的第二天，股价也会出现低开收阴的走势。投资者看到这种走势时应该特别谨慎，虽然不排除股价还会有个反抽冲高的过程，但下跌已经是后期走势的主旋律。特别是在股价经过大幅度上涨之后的高位区域，股价突然走出加速拉升的行情，并且在加速上涨的过程中出现放量连阴的走势，投资者一定要高度警惕。

图 11-30 所示的东方生物，该股在股价运行到市场高位区域时，就出现了高位放量跳空，之后股价很快便进入了一波下跌行情。

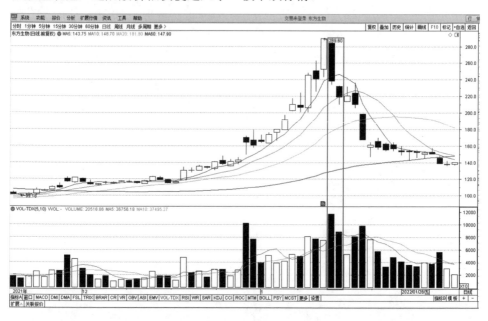

图 11-30　东方生物的 K 线图

在实战中，如果股价经过大幅上涨，特别是在股价运行到高位区域后加速拉升的过程中出现这种走势，投资者在形成第一根大阴线时就应该果断地卖出，没必要等到这个形态完全形成后再卖出。如果在第二天股价出现跳空低开，那么在开盘时就要立刻卖出。